JANINA STIEFEL

Das Buch der KURIOSEN ORTE *in* BAYERN

Erstaunlich, skurril und
absolut sehenswert

BRUCKMANN

Inhaltsverzeichnis

Spannende Aktivitäten 62

Spektakuläre Erlebniswelten 82

Außergewöhnliche Museen 104

Gänsehaut garantiert! 136

Bayerische Lost Places 160

Ausgefallene Übernachtungsmöglichkeiten 172

Bayern hat eine Vielzahl von kuriosen Bauwerken und Gebäuden zu bieten. Der Kuchlbauer Turm ist einer von ihnen und ist nahezu im Mittelpunkt des Freistaates, in Abensberg zu finden.

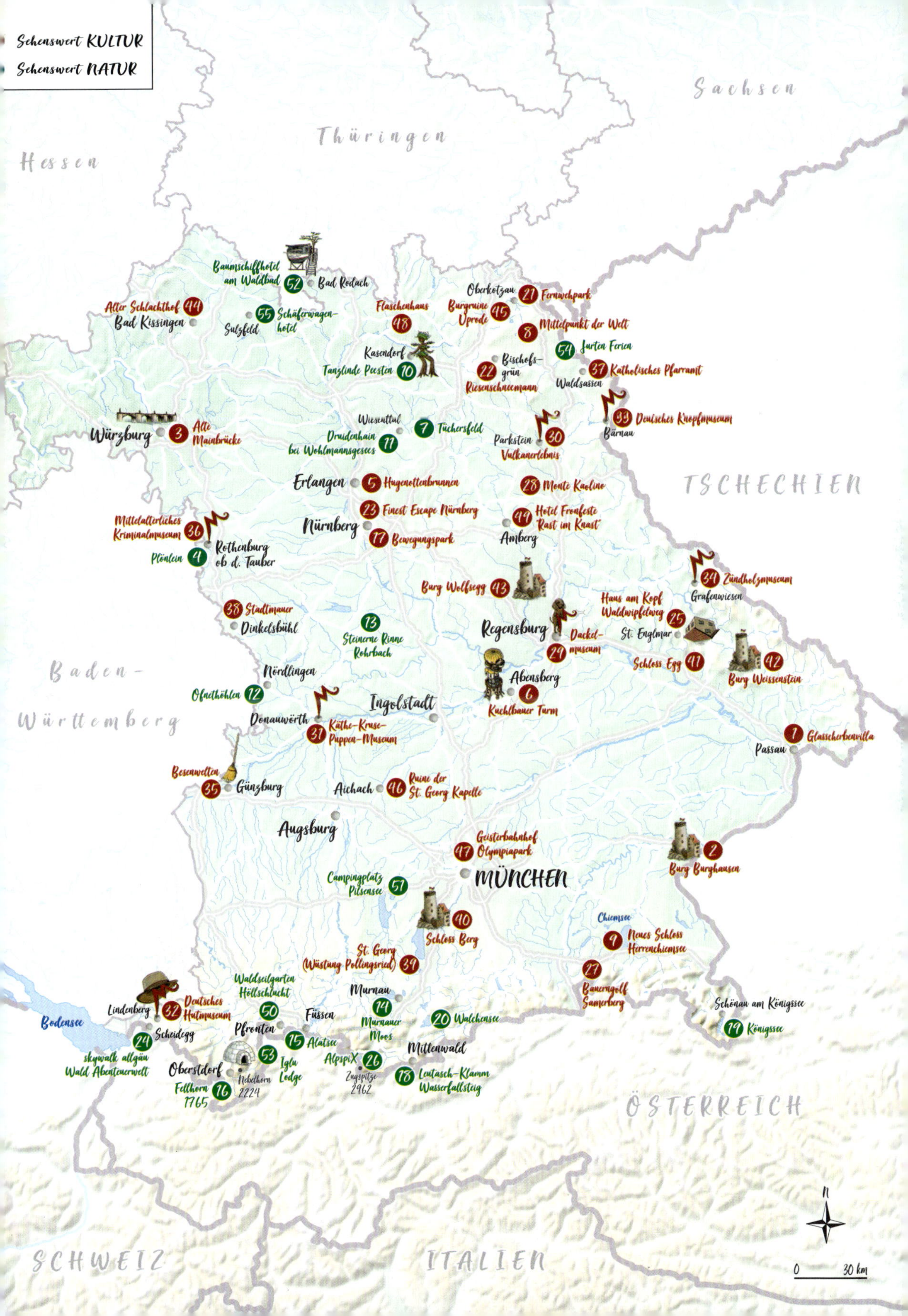

Sehenswert KULTUR
Sehenswert NATUR
Sachsen
Thüringen
Hessen
TSCHECHIEN
Baden-Württemberg
ÖSTERREICH
SCHWEIZ
ITALIEN
52 Baumschiffhotel am Waldbad
Bad Rodach
44 Alter Schlachthof
Bad Kissingen
55 Schäferwagenhotel
Sulzfeld
48 Flaschenhaus
Kasendorf
10 Tanzlinde Peesten
Oberkotzau
21 Fernwehpark
45 Burgruine Uprode
8 Mittelpunkt der Welt
54 Jurten Ferien
22 Bischofsgrün Riesenschneemann
37 Katholisches Pfarramt
Waldsassen
33 Deutsches Knopfmuseum
Bärnau
Würzburg
3 Alte Mainbrücke
Wiesenttal
7 Tüchersfeld
11 Druidenhain bei Wohlmannsgesees
Parkstein
30 Vulkanerlebnis
Erlangen
5 Hugenottenbrunnen
28 Monte Kaolino
23 Finest Escape Nürnberg
Nürnberg
17 Bewegungspark
49 Hotel Fronfeste "Rast im Knast"
Amberg
36 Mittelalterliches Kriminalmuseum
Rothenburg ob d. Tauber
4 Plönlein
34 Zündholzmuseum
Grafenwiesen
43 Burg Wolfsegg
38 Stadtmauer
Dinkelsbühl
13 Steinerne Rinne Rohrbach
Regensburg
29 Dackelmuseum
25 Haus am Kopf Waldwipfelweg
St. Englmar
41 Schloss Egg
42 Burg Weissenstein
Nördlingen
12 Ofnethöhlen
Abensberg
6 Kuchlbauer Turm
Ingolstadt
Donauwörth
31 Käthe-Kruse-Puppen-Museum
1 Glasscherbenvilla
Passau
35 Besenwelten
Günzburg
Aichach
46 Ruine der St. Georg Kapelle
Augsburg
47 Geisterbahnhof Olympiapark
2 Burg Burghausen
57 Campingplatz Pilsensee
MÜNCHEN
40 Schloss Berg
Chiemsee
9 Neues Schloss Herrenchiemsee
39 St. Georg (Wüstung Pollingsried)
27 Bauerngolf Samerberg
50 Waldseilgarten Höllschlucht
Murnau
14 Murnauer Moos
Lindenberg
32 Deutsches Hutmuseum
Bodensee
Füssen
20 Walchensee
Schönau am Königssee
19 Königssee
Scheidegg
Pfronten
15 Alatsee
24 skywalk allgäu Wald Abenteuerwelt
53 Iglu Lodge
AlpspiX 26
Mittenwald
Oberstdorf
Nebelhorn 2224
Zugspitze 2962
18 Leutasch-Klamm Wasserfallsteig
16 Fellhorn 1765
N
0
30 km

Unser Nachhaltigkeitskodex

Die Welt birgt viele Wunder, Abenteuer und spektakuläre Aussichten, die wir gerne erkunden möchten. Doch sie ist auch leicht aus dem Gleichgewicht zu bringen. Hier ein paar Tipps, wie wir unsere Welt nachhaltig entdecken können:

- **Die Hauptsaison meiden:** Wenn wir nicht gerade auf die Ferienzeiten angewiesen sind, können wir der Umwelt einen großen Gefallen tun, indem wir in der Nebensaison verreisen. Damit tragen wir zu einer gleichmäßigeren Auslastung der Umwelt und der Infrastruktur bei und der Urlaub wird dazu auch noch wesentlich entspannter.
- **Die Aufenthaltsdauer dem Reiseziel anpassen:** Je weiter das Reiseziel ist, desto länger sollte der Aufenthalt sein. Dadurch lernen wir die Region nicht nur intensiver kennen, sondern stärken sie ganz nebenbei noch durch unsere Ausgaben vor Ort. Anfahrtsintensive Tagesausflüge sollten besser vermieden werden, das bedeutet nur Stress, sowohl für die Umwelt als auch für uns selbst.
- **Auf umweltschonende Verkehrsmittel setzen:** Wo es möglich ist, reisen wir mit öffentlichen Verkehrsmitteln an. Das reduziert nicht nur die Luftverschmutzung, sondern schont auch unsere Nerven. Falls das nicht geht, helfen verschiedenste Plattformen dabei, den CO^2-Austoß auszugleichen, vor allem, wenn das gewünschte Reiseziel nur mit dem Flugzeug zu erreichen ist.
- **Nur dort parken und campen, wo es erlaubt ist:** Selbst wenn wir uns noch so vorbildlich verhalten und unseren Aufenthaltsort so hinterlassen, wie wir ihn vorgefunden haben, stören wir den Lebensraum von Wildtieren und hinterlassen Spuren und Gerüche. Auch Lagerfeuer entzünden wir ausschließlich an den dafür vorgesehenen Stellen und achten dabei auf Waldbrandstufen und Naturschutzgebiete.
- **Ressourcen gewissenhaft nutzen:** Manche Umweltressourcen sind bereits knapp, endlich sind auf jeden Fall alle. Um sie zu schonen, sollten wir sparsam mit ihnen umgehen, gerade in Gegenden, in denen zum Beispiel Wasser oder Strom nicht im Überfluss vorhanden sind.
- **Ein guter Gast sein:** Nachhaltig unsere Umgebung zu erkunden bedeutet auch, der hiesigen Flora und Fauna mit Respekt zu begegnen. Pflanzen sollten auf keinen Fall gepflückt werden, aber sie stehen uns bestimmt gerne Modell für das eine oder andere Foto. Das gleiche gilt für wilde Tiere: Wir füttern sie nicht, halten Abstand und beobachten sie aus der Ferne.
- **Auf den Wegen bleiben:** Wer die vorgegebenen Wege verlässt, dringt nicht nur in die Rückzugsräume heimischer Arten ein, sondern trägt auch dazu bei, dass sich neue Wege bilden, was zur Erosion des Bodens führt.
- **Abfall wieder mitnehmen:** Plastikverpackungen jeglicher Art, Dosen, Flaschen und Papiertaschentücher (es dauert Jahre, bis sich ein einzelnes Taschentuch vollständig abgebaut hat!) gehören nicht in die Natur, sondern artgerecht entsorgt. Am besten gleich eine wiederverwendbare Brotdose oder Trinkflasche mitnehmen. Dazu zählen natürlich auch Toilettenpapier und der Inhalt von (Chemie-) Toiletten. Entsprechende Entsorgungsstationen finden sich überall.
- **Lokal kaufen:** Dadurch lernen wir Land und Leute besser kennen und unterstützen die regionale Wirtschaft, außerdem sind regionale Produkte meist auch preisgünstiger und qualitativ hochwertiger.

Nachhaltig draußen unterwegs zu sein, bedeutet auch ein **respektvolles Miteinander** – das sollte stets ein Motto in der Natur sein. Es tut nicht weh, sich gegenseitig zu grüßen und sich entgegenkommend zu verhalten. So haben Wanderer auf schmalen Wegen stets Vorrang, bei Gegenverkehr gilt in steilem Gelände immer: Wer absteigt, hält an. So lässt sich die Schönheit und Vielfalt der Natur gemeinsam genießen.

Das *Buch der kuriosen Orte* zeigt außergewöhnliche Plätze, geheimnisvolle Orte und Attraktionen, wo die Realität ins Wanken gerät. So wie hier im Haus am Waldwipfelweg, wo die Welt Kopf steht.

Vorwort

Bayern – kein anderes Bundesland verspricht mehr Abwechslung und Faszination: Mit mannigfaltigen Aktivitätsangeboten und weiten facettenreichen Landschaften lässt der Staat im Süden Deutschlands die Herzen seiner Besucher höherschlagen. Seine an Historie reichen Orte und ihre Geschichten, Sagen und Mythen ziehen Touristen aus aller Welt in ihren Bann, wie z. B. auf der Romantischen Straße nach Füssen, der ersten Ferienstraße Deutschlands.

Mit einer Fläche von rund 70 542 Quadratkilometern ist der Freistaat Bayern mit seiner wunderschönen Landeshauptstadt München das größte Bundesland der Bundesrepublik Deutschland und mit 13,4 Millionen Einwohnern auch das zweitbevölkerungsreichste. Da die Bevölkerung aber nur etwa zwölf Prozent der Gesamtfläche einnimmt und ca. 86 % der Fläche für Land- und Forstwirtschaft genutzt werden, genießt man vielerorten ein durch bunte Wiesen, üppige Wälder und farbenfrohe Felder bestimmtes Landschaftsbild. Die benachbarten Bundesländer sind Baden-Württemberg, Hessen, Thüringen und Sachsen, zudem trennt die hier insgesamt 2705 Kilometer lange Landesgrenze Deutschland von Tschechien, Österreich und der Schweiz.

Mit zahlreichen Wäldern, Flüssen und Gebirgen zeigt sich die Natur im Süden von Deutschland von ihrer besten Seite. Die

Bayerischen Alpen, die Schwäbische und die Fränkische Alb, das Fichtelgebirge, der Bayerische Wald und das Alpenvorland bringen die Besucher mit ihren atemberaubenden Gebirgslandschaften zum Staunen. Große Seen wie der Tegernsee, der Starnberger See oder der Eibsee bieten Wassererlebnisse für die gesamte Familie, sind aber auch Ruheoasen. Doch nicht nur die Seen sind beliebte Ziele in Bayern, auch Flüsse wie Donau, Main, Isar, Tauber und Elbe werden gern besucht und locken mit den sie umgebenden Ortschaften zum Entdecken.

Die Liste der bayerischen Parks und Schutzgebiete ist lang: von den beiden Nationalparks Bayerischer Wald und Berchtesgaden über die von der UNESCO anerkannten Biosphärenreservate Berchtesgadener Land und Röhn bis hin zu 18 Naturparks, 603 Natur- und 702 Landschaftsschutzgebieten, 674 Fauna-Flora-Habitat-Gebieten, 84 Europäischen Vogelschutzgebieten, 160 Naturwaldreservaten und über 3400 Geotopen.

Es lohnt sich, Bayerns schöne und auch kuriose Seiten zu entdecken – außergewöhnliche Gebäude, Plätze, Burgen und Schlösser, Naturwunder und aufregende Aktivitäten warten auf Sie! Zudem gibt es viele abenteuerliche Übernachtungsmöglichkeiten, wie z. B. die Nacht in einer Felswand oder einem Iglu.

Prachtvolle Gebäude und faszinierende Orte

Funkelnde Farbenpracht

PASSAUS GLASSCHERBENVILLA

Passau liegt im Osten von Bayern, direkt an der Grenze zu Österreich. Die 54 000-Einwohner-Stadt lockt mit ihrer historischen Altstadt, den schmalen Gassen und dem Dom St. Stephan mit der größten Kirchenorgel der Welt jährlich zahlreiche Besucher an. Von der Burg hoch über der Stadt, der Veste Oberhaus, bietet sich ein atemberaubender Panoramablick.

Die Drei-Flüsse-Stadt hält ein faszinierendes Naturschauspiel bereit, denn der Zusammenfluss des grünen Inns, der schwarzen Ilz und der blauen Donau zeigt ein ganz besonderes Farbenspiel mitten in der Barockstadt. Die unterschiedlich strahlenden Farben fließen über mehrere Hundert Meter nebeneinanderher. Teilweise aus den Schweizer Zentralalpen bewässert, drängt der Inn die Donau zur Seite. Die Wassermenge und die unterschiedlichen Tiefen bewirken dieses Naturphänomen. Die aus einem Moorgebiet befüllte Ilz schließt sich den beiden Flüssen an, bis sich letztendlich alle drei miteinander vermischen.

Die Stadt selbst versprüht ein südländisches Flair, denn viele italienische Baumeister verliehen Passau einen besonderen Stil. Wer durch die Straßen flaniert, wird überrascht sein von diesem eindrucksvollen Baustil. Ein Gebäude sticht dabei ganz besonders hervor: die Glasscherbenvilla. Das wohl auffälligste Haus in ganz Deutschland wurde von dem italienischen Architekten Aristide Ostuzzi entworfen. Die Straße, in der das Haus steht, ist mittlerweile nach ihm benannt.

Die außergewöhnliche und einmalige Villa, von der man regelrecht geblendet

ERLEBNISTIPP

Die Schiffsanlegestelle Passau ist zugleich die Hauptanlegestelle für den Schiffsverkehr auf der Donau. Von hier starten wunderbare **Sightseeing Cruises**, mittels derer man die Sehenswürdigkeiten Passaus, wie z. B. die Veste Oberhaus oder das Kloster Maria Hilf, mal aus einer anderen Perspektive betrachten kann.

Dieses prachtvolle Gebäude wurde Anfang des 20. Jh. von Aristide Ostuzzi gestaltet. Die Villa ist in Passau zu bewundern.

wird, fand 1902 ihren Platz in Passau. Aristide Ostuzzi reichte 1901 Pläne für ein schlicht gehaltenes Objekt ein, die ohne Schwierigkeiten bewilligt wurden. Allerdings war er nicht ganz ehrlich, denn er gab nicht an, wie die Villa tatsächlich gestaltet werden sollte: als ein prächtiges, auffälliges Haus. Und diese Vorstellungen setzte er auch um.

Das Haus ist über und über mit farbigen Glasscherben und Porzellanbruchstücken verziert, es glänzt, funkelt und sticht sofort ins Auge. An der Fassade sind geometrische Muster und Blumenornamente zu finden. Die Seiten sind hingegen weniger pompös verziert, und die Hinterseite des Hauses wurde komplett freigelassen. Das imposante, denkmalgeschützte Bauwerk vereint mehrere Stile aus Renaissance, Barock und dem frühen Jugendstil. Die beiden Erker, die in den Himmel ragen, tragen noch zu diesem faszinierenden Bild bei.

Im Haus befinden sich heute zehn Wohnungen auf 476 Quadratmetern. Da sich die bestehende Erbengemeinschaft aus vier Geschwistern nicht auf den Wert des Hauses einigen konnten, wurde es im Jahr 2016 für 1,19 Millionen Euro versteigert.

Ritterliches im XXL-Format

DIE BURG ZU BURGHAUSEN

Die alte Herzogstadt Burghausen an der Salzach liegt im oberbayerischen Landkreis Altötting. Die Salzach bildet hier die Grenze zu Österreich. Daher verwundert es nicht, dass zwischen dem 6. und dem 8. Jahrhundert hier am Flussufer eine kleine Siedlung mit Zollstätte entstand, dort, wo heute die denkmalgeschützte Altstadt Burghausens liegt, über der sich gemäldegleich die Burg zu Burghausen erhebt.

Besonders geprägt wurde das Stadtbild im späten Mittelalter, als sich Burghausen zur Residenzstadt entwickelte. Gerade die drei letzten niederbayerischen Herzöge Heinrich, Ludwig und Georg prägten durch ihre Bauten das Stadtbild und verhalfen ihm so zu seinem ganz besonderen Glanz. Eine weitere Veränderung der Stadt brachte um 1900 die Anbindung an die Industrie mit sich: Mit dem wirtschaftlichen Aufschwung wuchs die Stadt, und eine neue Siedlung, die Neustadt, wurde errichtet. In den folgenden Jahrzehnten entwickelte sich Burghausen zum kulturellen und wirtschaftlichen Zentrum der Region – das zeigt unter anderem eindrucksvoll die Internationale Jazzwoche, die alljährlich Tausende Besucher und Musiker anlockt.

Doch zurück zur Längsten ihrer Art: Die Burg zu Burghausen liegt auf einem schmalen Bergrücken zwischen Salzach und Wöhrsee, und ja: Mit einer Länge von 1051 Metern gehört sie wohl zu den längsten Burganlagen der Welt. Einst war sie die Zweitresidenz der niederbayerischen Herzöge und diente als Hofhaltung der Herzoginnen sowie als Witwensitz. Zudem wurde sie als Aufbewahrungsort des herzoglichen Gold- und Silberschatzes sowie vermutlich auch als vornehmes Staatsgefängnis genutzt. Im Jahr 1479 ließ Herzog Georg der Reiche die Burg zur stärksten Festung des Landes ausbauen.

Die Burganlage besteht aus der Hauptburg und fünf Vorhöfen. Mit dem inneren Burghof der Kernburg sind es insgesamt sechs Höfe, die einst unterschiedliche Funktionen hatten. Jeder Vorhof hatte einen eigenen Befestigungsabschnitt mit Torbau, Graben und Brücke; sie beinhalteten beispielsweise das Brauhaus mit Pfisterei,

Die wahrscheinlich längste Burg der Welt steht in Burghausen. Bei einer Länge von 1051 m wird auch aus der Entfernung ein Weitwinkelobjektiv benötigt.

die Rüstkammer, Stallungen, Lager sowie die von Georg dem Reichen errichtete Burgkapelle, auch Hedwigskapelle genannt, die 1479–1489 im spätgotischen Stil errichtet wurde.

Hedwig Jagiellonica gilt als wohl bekannteste Bewohnerin der Burg. Die polnische Königstochter heiratete im Jahr 1475 den Herzogssohn Georg – die Ankunft der Braut und die prunkvolle Hochzeit in Landshut wurden detailliert festgehalten. Nach der Hochzeit verlegte Hedwig ihren Wohnsitz auf die Burg, wo sie bis zu ihrem Tod blieb. Über Hedwigs Leben auf der Burg ist allerdings nichts bekannt. Historiker waren lange davon überzeugt, dass Hedwig hier als Gefangene verbleiben musste – mittlerweile gilt dies allerdings als unwahrscheinlich, da die Burg als Frauenresidenz angesehen wird. Interessant ist jedoch, wieso es keine weiteren Informationen über Hedwig gibt, obwohl die Zeit der Herzöge sonst so detailliert und sorgfältig festgehalten wurde. Man weiß allerdings, dass Hedwig in der Hauptburg lebte, deren Innenhof von Wohngebäuden umgeben ist. Hedwigs Mann, Georg der Reiche, sorgte für einen umfassenden Ausbau. Die Räumlichkeiten des heutigen Stadtmuseums Burghausen waren zu seiner Zeit die Gemächer der Herzogin und ihres Hofstaats. Zwei Gewölbehallen dienten als Weinkeller und Speisesaal für das herzogliche Gefolge. Heute ist die Erdgeschosshalle als Besucherzentrum mit archäologischem Grabungsfeld zugänglich.

Ein Spaziergang innerhalb der Burgmauern, durch den Schlossgarten und die historischen Gebäude lädt zur Erkundungstour ein.

ERLEBNISTIPP

Wer Burghausens Burg einmal aus einer anderen Perspektive sehen möchte, kann dies von der gegenüberliegenden österreichischen Seite aus erleben: Nur 5 Min. mit dem Auto und 20 Min. zu Fuß von der Burg entfernt liegt der **Aussichtsplatz Duttendorf** mit dem Salzachstüberl als gemütlicher, aussichtsreicher Einkehr.

Am Anfang der Burg, direkt neben dem Parkplatz, befindet sich eine Infostelle, die den Besuchern ausreichende Informationen und interessante Auskünfte vermittelt; Broschüren und Flyer sind kostenlos erhältlich. Das Burggelände umfasst mehrere Museen wie Stadtmuseum, Staatliches Burgmuseum und Foltermuseum sowie das Haus der Fotografie. In der Hauptburg (Palas) ist das Staatliche Burgmuseum zu finden; es beinhaltet die herzoglichen Wohnräume und die Staatsgalerie Burghausen, zudem bietet sich von einer Aussichtsplattform ein grandioser Rundumblick auf Stadt und Umgebung. Doch nicht nur dieser 360°-Blick vom Dach des Palas ist beeindruckend, auch die Stadtmauer und die Türme bieten wunderbare Panoramen. Das Gelände der Burg lädt zu einem Spaziergang ins Mittelalter ein – ein Ausflug, der die gesamte Familie begeistern wird!

INFO *Burg Nr. 48, 84489 Burghausen, geöffnet von März bis Ende Oktober von 10 bis 18 Uhr, www.schloesser.bayern.de*

Genussvoller Brückenschoppen

AUF DER ALTEN MAINBRÜCKE IN WÜRZBURG

Würzburg, die siebtgrößte Stadt in Bayern, liegt in wunderschöner Umgebung direkt am Main; rund 130 000 Einwohner dürfen diese besondere Stadt ihr Zuhause nennen. Weinberge säumen die Landschaft um Würzburg, denn die Region in Unterfranken ist für ihren guten Wein bekannt. Im Jahr 704 wurde Würzburg zum ersten Mal in Aufzeichnungen erwähnt. Im Mittelalter entwickelte sich der Ort dann zu einem bedeutenden wirtschaftlichen, geistlichen und hoheitlichen Zentrum. Die beeindruckende Altstadt wurde im Zweiten Weltkrieg stark beschädigt; und auch die Würzburger Residenz wies ein hohes Maß an Beschädigungen auf. Doch die Gebäude wurden im Lauf der Jahre wieder aufgebaut und restauriert. Die Würzburger Residenz, der Hofgarten und der Residenzplatz wurden 1981 in das UNESCO-Weltkulturerbe aufgenommen. Zudem beherbergt Würzburg die älteste Universität Bayerns – die heutige Julius-Maximilians-Universität wurde 1402 gegründet.

Ein Spaziergang durch die Altstadt führt zur Alten Mainbrücke; von der sich ein toller Blick auf die Festung Marienberg bietet, die 100 Meter oberhalb des Mains steht. Die ehemalige Befestigung sowie das ehemalige fürstbischöfliche Schloss sind auch unter dem Namen Festung Unserer Frauen Berg bekannt. Richtig gut kann der Blick auf die Festung mit einem Glas Wein in der Hand genossen werden. Wie das funktioniert?

Das gesellige Zusammensein auf der Alten Mainbrücke zieht die Einwohner von Würzburg sowie die Touristen aus aller Welt gleichermaßen in ihren Bann.

Die Mainbrücke lädt täglich von 11–23 Uhr zum Brückenschoppen ein. Das »Bridgen«, wie das Brückenschoppen von den Einwohnern in Würzburg genannt wird, ist ein Must-Do für alle Besucher der Stadt – und so verwundert es nicht, dass für viele die Brücke das Hauptziel bei einem Besuch Würzburgs ist, denn hier kommen besonders Weinliebhaber auf ihre Kosten, die sich hier das eine oder andere Glas vom Weißen schmecken lassen. Gut gelaunte, lachende, sich zuprostende Menschen bringen Freude auf die Brücke. Ob allein, als Paar oder in Gruppen – es ist ein herzliches Miteinander, und an den Stehtischen oder der Brückenmauer gibt es immer einen freien Platz, um dieses besondere Erlebnis zu genießen. An warmen Tagen können sich die Brücken-

ERLEBNISTIPP

Von der Mainbrücke erreicht man mit einem Spaziergang von ca. 20 Min. die **Festung Marienberg**, von wo man einen wunderbaren Ausblick über Würzburg genießt. In der Festung befindet sich das Museum für Franken mit Museumsladen; hier starten ganzjährig thematische Führungen, mit denen der Außenbereich der Festung erkundet werden kann.

Mit einem Glas Wein in der Hand und Sonnenstrahlen im Gesicht lässt sich das bunte Treiben auf der Brücke hervorragend beobachten.

schopper zusätzlich zum Wein an Live-Musik erfreuen.
Das Restaurant Alte Mainmühle schenkt den Wein durch ein Fenster direkt zur Brücke hin aus; und auch wer sich zum Wein mit einem guten Essen stärken möchte, wird hier ebenfalls fündig. Die geschmackvolle Einrichtung des Restaurants mit seiner gehobenen fränkischen Küche, die Aufteilung der Tische und die großen hellen Fenster laden zum gemütlichen Zusammensein ein. Wer die Köstlichkeiten des Hauses mit dem Blick auf die Mainbrücke und die Festung genießen will, kann auf der Sonnenterrasse Platz nehmen.

Der Gastronomiebetrieb Endres, unter der Führung von Jan Endres und Philipp Gagel, hat noch weitere Angebote neben dem Restaurant Alte Mainmühle, insgesamt fünf Lokalitäten, vier in Würzburg und eine ganz in der Nähe, in Himmelstadt. So verspricht gerade in der Faschingszeit das »Sternbäck« ganz in der Nähe der Brücke ein unglaubliches Erlebnis, und in der Weinbar Heinrich findet man die größte Weinauswahl Würzburgs mit feinen Tropfen aus der Region und überregional; zudem laden hier regelmäßig Winzer zur Weinverkostung ein. Eine weitere Location in Würzburg ist das »Le Jules« an der Juliuspromenade: Die edle Bar mit mediterranem Flair ist bekannt für hochwertige Cocktails und ihr Seafood-Tasting. Die 2024 eröffnete fünfte Lokalität befindet sich in Himmelstadt direkt am Main und an der Fahrradstraße: Hier bietet der Biergarten Himmelreich mit einem eigenen Strandabschnitt die perfekte Möglichkeit für eine genussvolle Pause.

Rothenburgs *Wahrzeichen*

DAS PLÖNLEIN

Rothenburg ob der Tauber liegt im Norden Bayerns, rund 80 Kilometer westlich von Nürnberg auf einem Hügel oberhalb des Flusstals der Tauber und am Rand des Naturparks Frankenhöhe. Die Stadt fasziniert mit ihrer mittelalterlichen Architektur. Die Fachwerkhäuser und kopfsteingepflasterten Straßen lassen Besucher in eine andere Zeit eintauchen. Die gut erhaltene begehbare Stadtbefestigung und die dazugehörigen Torhäuser und Türme machen diese Zeitreise perfekt. Bei einem Spaziergang durch die Stadt sollte der Weg unbedingt auch in die Türme der Stadtmauer führen – ihr Inneres und die Sicht nach draußen sind ein Erlebnis für Groß und Klein. Auch das mittelalterliche Rathaus im Zentrum der Stadt schenkt Besuchern einen herrlichen Panoramablick über die Umgebung.

Die Grafen von Comburg-Rothenburg ließen wohl im 10. Jahrhundert in der Nähe vom heutigen Spitalhof auf einem Bergsporn eine Burg errichten. Nach dem Aussterben dieses Adelsgeschlechts gelangte die Burg im 12. Jahrhundert in den Besitz König Konrads III., der die Grafenburg erweitern ließ und die Anlage zu einer Reichsburg ernannte. Daneben entstand eine Siedlung, die 1172 die Stadtrechte zugesprochen bekam und mit dem Bau einer Stadtmauer begann – Markusturm und Weißer Turm sind bis heute erhalten geblieben. Die Stadt wuchs rasant, weshalb bereits 1204 eine Erweiterung notwendig war und eine zweite Stadtmauer gebaut wurde, von der heute noch das Kobolzeller Tor, der Siebersturm, das Rödertor und das Würzburger Tor zu sehen sind. Im Lauf der Zeit wurde die Stadtmauer verlängert und im 14. Jahrhundert das Spitalviertel mit einbezogen.

Von 1274 bis 1803 war Rothenburg ob der Tauber eine Reichsstadt, die an der Kreuzung zweier wichtiger Handelsstraßen lag. Nach dem Dreißigjährigen Krieg verlor die Stadt jedoch an Bedeutung. Im Zweiten Weltkrieg teilweise zerstört, nutzte man zu ihrem Wiederaufbau die erhaltene Bausubstanz und passte diese dem Stadtbild hervorragend an: Die neu aufgebauten Häuser unterscheiden sich kaum von den Häusern,

In der historischen Altstadt von Rothenburg ob der Tauber steht das berühmte schiefe Haus auf seinem Platz, dem Plönlein.

die im Krieg verschont geblieben sind. Seit 1950 gilt Rothenburg ob der Tauber als ein Highlight an der Romantischen Straße, der ersten Ferienstraße Deutschlands.

Ein Wahrzeichen Rothenburgs ist das Plönlein. Hierbei handelt es sich entgegen vielen Annahmen nicht allein um das so bekannte schiefe, krumme Haus, sondern um den gesamten Platz, denn Plönlein bedeutet so viel wie »kleiner Platz am Brunnen«. Jedoch fällt das kleine gelbe Haus im Zentrum des Platzes natürlich als Erstes jedem Betrachter ins Auge. Auch an der Hausfassade hängt ein Schild mit der Aufschrift »Plönlein«. Vor dem Haus entdeckt man besagten Brunnen, rechts und links umgeben den Bau zwei Türmen der alten Stadtmauer, die damit das Plönlein begrenzen. Durch den 1385 erbauten Sieberturm im zweiten Mauerring auf der linken Seite gelangt man ins Spitalviertel. Der rechte Turm aus dem Jahr 1360 gehört zum Kobolzeller Tor, durch das die Besucher ins Taubertal und zur Doppelbrücke spazieren können. Der berühmte Platz lockt jährlich eine Vielzahl von Touristen in die Stadt und diente auch schon für beliebte Filme wie »Pinocchio« als Filmkulisse.

Neben einem Spaziergang durch die wunderschöne Stadt locken eine ganze Reihe an Museen zu einem Besuch: Das Kriminalmuseum (ebenfalls in diesem Buch zu finden), das Rothenburg Museum, das Handwerkerhaus und das Weihnachtsmuseum von Käthe Wohlfahrt bieten Spannung, Spaß und Faszination für alle Generationen. Auch die Läden von Käthe Wohlfahrt laden mit ihrem ganzjährigen

Weihnachtszauber zum Bummeln, Shoppen und Staunen ein. Wer aber den wahren Weihnachtszauber erleben möchte, sollte Rothenburg ob der Tauber im Dezember besuchen, denn der hiesige Weihnachtsmarkt gilt als einer der schönsten in ganz Deutschland, und die historischen Häuser der Stadt geben dieser Zeit einen zusätzlichen wundervollen Glanz. Weitere überregional bekannte Veranstaltungen, die rund ums Jahr in Rothenburg geboten werden, sind beispielsweise das historische Festspiel »Der Meistertrunk«, die Reichsstadt-Festtage und das Taubertal-Festival.

Nur wenige Gehminuten von der Altstadt entfernt treffen Spaziergänger und Wanderer auf diese gut erhaltene Doppelbrücke.

ERLEBNISTIPP

Bei einem Spaziergang außerhalb der Stadtmauern sollte die Tauberbrücke besucht werden. Die außergewöhnliche **Doppelbrücke** mit zwei aufeinander stehenden Bogenreihen war einst Teil der Handelsstraße von Augsburg nach Würzburg. Sie kann aus verschiedenen Perspektiven betrachtet werden – Straßen und Wanderwege in der Umgebung bieten nicht nur wunderschöne Blicke auf Rothenburg ob der Tauber, sondern auch auf die berühmte Doppelbrücke.

Beeindruckendes Kunstwerk

DER ERLANGER HUGENOTTENBRUNNEN

Die fränkische Großstadt Erlangen im Regierungsbezirk Mittelfranken ist mit rund 117 000 Einwohnern die kleinste der acht Großstädte Bayerns. Sie lockt mit ihrem mittelalterlichen Charme und unzähligen Events jährlich Tausende Besucher an.

In Erlangen angekommen, gibt es verschiedene Parkplätze und Parkmöglichkeiten, die nur wenige Minuten Fußweg von der Innenstadt entfernt liegen. Die Hauptstraße mit ihren kleinen Läden, Restaurants und Bars lädt zum Flanieren ein. Nach einem kurzen Schaufensterbummel wird der große Marktplatz vor dem Schloss Erlangen erreicht, der auch als Austragungsort für Veranstaltungen genutzt wird, wie z. B. das Frühlingsfest, das Foodtruck Festival oder das Mittelalterfest. Auch der historische Weihnachtsmarkt lädt hier zu einer Reise in die Vergangenheit ein.

Das Markgräfliche Schloss Erlangen befand sich von 1700 bis 1704 für den Erbprinzen von Brandenburg-Bayreuth, Georg Wilhelm, in der Bauphase. Bereits 1703 erwarb jedoch Markgraf Christian Ernst das noch unfertige, im Barockstil erbaute Schloss. Der angeschlossene Schlossgarten wurde samt Orangerie im Jahr 1706 fertiggestellt und hatte eine Größe von 280–550 Metern. Zu Beginn des 19. Jahrhunderts wurde das Schloss zum Witwensitz. Am 14. Januar 1814 brach auf dem Dachboden ein Brand aus, der aufgrund der Witterungsverhältnisse nicht gelöscht werden konnte – das Schloss brannte vollständig aus. Allerdings konnten sich die Bewohner frühzeitig in Sicherheit begeben und auch die Möbel wurden vor den Flammen gerettet. Die

ERLEBNISTIPP

Einmal im Jahr können Besucher am Schlossplatz von Erlangen für ein paar Tage auf Zeitreise gehen, wenn der faszinierende **Mittelalter & Fantasy Markt** Begeisterte in seinen Bann zieht. Die Veranstaltung mit einem Programm u. a. aus Zaubershow, Feuertänzer, Gewandungswalk und Cosplay-Contest bietet Abwechslung, Spannung und viel Spaß.

Auf dem Schlossplatz in Erlangen werden zu jeder Jahreszeit Veranstaltungen angeboten. Aber auch der Schlosspark zieht die Besucher an.

damalige Bewohnerin, Markgräfin Sophie Carolin Marie, zog weiter, vermachte in ihrem Testament das Schloss und die dazugehörigen Nebengebäude aber der hiesigen Universität. Somit wurde das Schloss von 1821 bis 1825 für Zwecke der Friedrich-Alexander-Universität wieder aufgebaut und befindet sich bis heute in deren Besitz.

Der Schlossgarten von Erlangen umfasst heutzutage 7,5 Hektar und lädt mit seiner Bepflanzung zu herrlichen Spaziergängen ein. Der Garten ist einer der frühesten barocken Gärten in Franken und seit 1849 öffentlich zugänglich. Die Orangerie befindet sich ebenfalls noch auf der Anlage des Schlossparks; sie wurde von 1704 bis 1706 im Auftrag der Markgräfin Elisabeth Sophie erbaut und ist Teil der Schlossanlage. Das ganze Jahr über ein beliebtes Ziel für Touristen von nah und fern, lockt der Garten zudem mit seinem Schlossgartenfest, das von der Friedrich-Alexander-Universität veranstaltet wird und Hunderte Besucher anzieht.

Inmitten des Schlossparks ist der zwölf Meter hohe Hugenottenbrunnen zu finden, der 1709 von Elias Räntz entworfen wurde. Die Hauptseite des Brunnens ist auf das Schloss gerichtet, das ovale Brunnenbecken mit seinen zwei Fontänen misst 29 x 19,5 Meter. Der Brunnen besteht aus der Statue des Markgrafen Christian Ernst (1644–1712), mehreren Hugenottenfamilien sowie antiken Gottheiten. Der Markgraf thront oben an der Spitze des Brunnens, nur überragt von Fama, der römischen Göttin des Ruhmes und der Gerüchte. Die weiteren antiken Gottheiten, die für Fruchtbarkeit, Wohlstand und Überfluss stehen, sind unter dem Standbild des Grafen angeordnet. In ihrer Mitte befindet sich ein kleines Fenster, durch das man bis zur Reiterstatue des Markgrafen im östlichen Teil des Schlossgartens schauen kann. Auf der untersten der drei Sandsteinebenen sind Mitglieder aus vornehmen Hugenottenfamilien dargestellt, die dem Kunstwerk seinen Namen gaben: Zu seinen Lebzeiten nahm Christian Ernst als einer der ersten protestantischen Herrscher viele der Glaubensflüchtlinge auf und setzte ihnen – und sich selbst – mit diesem Brunnen ein Denkmal.

INFO *Man kann den Brunnen im Rahmen einer öffentlichen Stadtführung durch Erlangen besuchen, die zu festen Terminen angeboten werden (auch individuelle Touren auf Anfrage möglich). Der Schlossgarten kann in der Zeit vom 01. Mai bis 30. September von 6–21 Uhr und vom 01. Oktober bis 30. April von 6–20 Uhr besichtigt werden.*

Im Schlosspark hat Markgraf Christian Ernst sich und seinen Hugenottenfamilien ein Denkmal, in Form dieses auffällig gestalteten Brunnes, gesetzt.

Kuchlbauer
WEIZEN
EXPORT
Gärbottich 1
Gärbottich 2
Lagerkeller

Kunst und bayerische Braukunst

HUNDERTWASSERS KUCHLBAUER TURM

Abensberg ist eine Kleinstadt im niederbayerischen Landkreis Kelheim. Die 14 000-Einwohner-Stadt liegt 30 Kilometer südwestlich von Regensburg. Auf der Fahrt nach Abensberg erkennt man schnell, um was sich in dieser Region alles dreht: um das Bier. Die optimalen Klima- und Bodenbedingungen werden neben dem Spargel- auch zum Anbau von Hopfen genutzt. Um Abensberg herum liegt das beste bayerische Anbaugebiet für Hopfen, die Hallertau. Dort wird ein Drittel des weltweit angebotenen Hopfens angebaut, was die Hallertau somit zum größten geschlossenen Hopfenanbaugebiet der Welt macht.

Die Fairtrade-Stadt Abensberg veranstaltet das ganze Jahr über Feste und Events, wie z. B. den Frühjahrsmarkt, ein Speedway-Rennen und den Gillamoos, den ältesten Jahrmarkt in der Hallertau. Neben den Veranstaltungen bietet Abensberg natürlich noch so einige Bier-Erlebnisse, denn es gibt insgesamt drei Brauereien in der Stadt. Eine davon ist die Brauerei zum Kuchlbauer: Weißbierspezialist seit 1918, Braurechte seit 1300 und Familientradition seit 1684. Hier werden beste Rohstoffe aus den bayerischen Anbaugebieten rund um Abensberg verarbeitet – Hopfen aus der Hallertau, Weizen vom Gäuboden, Gerste aus dem Jura und Wasser aus dem eigenen Brunnen. Das Brauverfahren ist mit seiner schonenden Entstehung, echter Flaschengärung und ohne Filtration original, echt und altbayerisch. In der Vergangenheit wurden in der Füllerei von neun Mitarbeitern 1800 Flaschen pro Stunde abgefüllt – heutzutage ist die Menge auf das 50-fache angestiegen.

Der berühmte Kuchlbauer Turm sticht mit seiner golden glänzenden Kuppel schon von weitem heraus: Bei der Anfahrt durch das bergige Hopfenland fällt der Blick auf das von Friedensreich Hundertwasser entworfene Kunstwerk. Als Hundertwasser gefragt wurde, ob er das Projekt übernehmen würde, lehnte er zunächst ab. Erst die Geschichten rund um die hiesigen Weißbierzwerge konnten Hundertwasser überzeugen, die Gestaltung des Turmes zu übernehmen, der seinen Entwurf 1999 einreichte. Der ursprünglich geplante Turm war aber mit 70 Metern eindeutig zu hoch,

Das wohl kunstvollste Bier der Welt wird im Kuchlbauer Turm gebraut. Der Kuchlbauer Turm ist das letzte geplante Objekt von Hundertwasser.

ERLEBNISTIPP

Die Hallertau hat mit ihrer Gesamtfläche von 2400 km² eine Vielzahl von Wanderwegen zu bieten. Und wer nach der Führung durch den Kuchlbauer Turm die Gegend und den Hopfenanbau noch mehr erkunden möchte, kann eine Wanderung zum **höchsten Punkt der Hallertau** unternehmen, einem gemütlichen Plätzchen zwischen Wald und Feld und einem Ort der Ruhe und des Schau-Genusses.

hätte er doch die Kirche bei Weitem überragt und damit nicht ins Stadtbild gepasst – so hat der Kuchlbauer Turm nunmehr eine Höhe von 34 Metern. Als Friedensreich Hundertwasser im Jahr 2000 starb, übernahm sein langjähriger Freund und Mitarbeiter, Architekt Peter Pelikan, das Projekt. Die eigenständige Bearbeitung und Neuplanung fand von 2007 bis 2010 statt. In Zusammenarbeit mit dem Brauerei-Inhaber Leonhard Salleck konnte das letzte Projekt von Hundertwasser fertiggestellt werden: Am 23. April 2007 legte man den Grundstein, am 08. August 2008 wurde die Dachkuppel mit einem Durchmesser von zehn Metern aufgesetzt, und im Jahr 2010 wurde der Turm zum ersten Mal für Besucher geöffnet. Die typische Gestaltung von Hundertwasser ist unverkennbar und die runden Formen, die unebenen Böden, die tanzenden Fenster, die Linien und bunten Ornamente machen den Turm zu einem einzigartigen Kunstwerk.

Der Turm ist gestalterisch innen wie außen eine Hommage an das bayerische Bier

und die Braukunst und symbolisiert das in all seinen Bestandteilen. Zwergenwohnungen befinden sich unter der Treppe im Erdgeschoss, Inschriften zeigen die wichtigsten Brauzutaten sowie die Ziele der Braukunst auf und Schilder geben den Besuchern Auskunft darüber, dass sie im »Ursprungsland des Bieres« sind – dieses kann von der 25 Meter hohen Aussichtsplattform überblickt werden. Im Keller des Turms ist zudem die Weißbier-Gläser-Sammlung von Leonhardt Sallecks ausgestellt. Zur Oster- und zur Vorweihnachtszeit finden rund um den Turm spezielle Veranstaltungen statt wie der bunte Frühjahrsmarkt und Kuchlbauer's Turmweihnacht.

Das gesamte Gebiet rund um Abensberg ist gesäumt von wunderschönen Landschaften, die über und über mit Hopfenanbaufeldern bedeckt sind.

INFO *Der Kuchlbauer Turm kann besichtigt werden, z. B. im Rahmen einer Führung durch die Brauerei. Es gibt folgende Angebote: Kuchlbauer's Bierwelt und Kuchlbauer Turmführung inklusive Bierverkostung oder Hundertwasser Ausstellung im KunstHausAbensberg (auch als Kombi-Ticket). Führungen finden statt: Januar bis März Sa/So 11, 13 und 15 Uhr; April bis Mitte Oktober Di–So 11, 13 und 15 Uhr; Mitte Oktober bis Dezember Mi–So 11, 13 und 15 Uhr. Während des Ostermarkts finden täglich Führungen statt; weitere Führungszeiten werden nach Bedarf und Anfrage angeboten.*

Traumort der Fränkischen Schweiz

DAS FELSENDORF TÜCHERSFELD

Tüchersfeld ist ein kleines Kirchdorf im Püttlachtal und gehört zur 4,5 Kilometer entfernten Stadt Pottenstein. Die älteste Ansiedlung der Großgemeinde Pottenstein zählt ungefähr 250 Einwohner. Schon bei der Anreise nach Tüchersfeld spürt man das besondere Flair der felsenreichen Gegend: Umgeben von dichten Wäldern, aus denen der eine oder andere Felsen herausschaut, winden sich die Landstraßen durch die Berge. Es gibt viele Parkplätze, die Möglichkeiten zur Rast und zum Schauen bieten. Und dann, dort hinter der Kurve, liegt das Dorf Tüchersfeld. Die mit Fachwerkhäusern bebaute Felseninsel rückt kurz hinter dem Ortseingangsschild ins Blickfeld – hinter jedem Haus, an jeder Straßenkreuzung wird man der Häuser rund um das Felsenriff gewahr. Besonders auffällig: das Fränkische Schweiz-Museum, das hoch oben mitten auf dem Felsen errichtet wurde. Ein wahrlich beeindruckendes Bild dieser Dorfkulisse! Die Bauwerke scheinen mit den Felsen nahezu verwachsen zu sein, die in der Jurazeit im tropischen Meer als Riff entstanden. Die Überreste dieses Riffs entwickelten sich im Lauf von Tausenden von Jahren zu dieser Felseninsel.

Der Museumsparkplatz bietet die perfekte Ausgangslage für einen Spaziergang durch das Dorf mit anschließendem Besuch des Museums. 1243 wurde der Ort erstmals genannt und im Jahr 1262 eine erste Burg erwähnt. Seit dem Jahr 1323 gab es zwei Burgen in Tüchersfeld: Oberntüchersfeld auf dem Fahnenstein und Niederntüchersfeld. Im Dreißigjährigen Krieg wurden beide nahezu komplett zerstört, nur die Nebengebäude blieben erhalten. Auf dem Platz der Burg Niederntüchersfeld errichteten Juden im 17. Jahrhundert eine Gebäudegruppe, die unter dem Namen Judenhof

ERLEBNISTIPP

Rund 10 Min. Autofahrt von Tüchersfeld entfernt liegt die **Teufelshöhle Pottenstein.** Die natürliche Karsthöhle, die zu den schönsten Schauhöhlen Europas gehört, bietet außergewöhnliche Tropfsteingebilde in mehreren großen Hallen, die mit Gängen verbunden sind. Insgesamt sind 800 m zu erkunden. Zudem können Besucher ein komplettes Höhlenbären-Skelett bestaunen. Eine Besichtigung ist nur mit einer der täglich stattfindenden Führungen möglich.

bekannt wurde und heute der Standort des Fränkische Schweiz-Museums ist. Die Gebäude mit 40 Ausstellungsräumen in fünf Häusern gelten als Wahrzeichen der Fränkischen Schweiz und sind daher der ideale Ort für dieses Museum, das die Geschichte und die Besonderheiten der Fränkischen Schweiz in einer abwechslungsreichen und vielversprechenden Dauerausstellung sowie in wechselnden Sonderausstellungen hervorragend präsentiert. Die empfehlenswerte ständige Ausstellung widmet sich den Themen »Fossilienreich – Leben im Jurameer«, »Archäologie – Geschichte unter unseren Füßen«, »Synagoge – Jüdisches Leben auf dem Land«, »Bäuerliches Arbeiten«, »Leben und Sterben«, »Glaube daheim«, »Wohnen um 1900« sowie »Handwerk und Zünfte«. Eine Gemäldegalerie rundet das Angebot ab.

Ein Blick auf das Dorf im Felsenriff verrät eine vielversprechende Geschichte. Mehr davon gibt es im Fränkischen-Schweiz-Museum zu sehen und erleben.

INFO *Öffnungszeiten des Fränkische Schweiz-Museums: Mo–So 10–17 Uhr; November bis März: So 13.30–17 Uhr. Für Gruppen ab 15 Personen wird nach Absprache jederzeit geöffnet.*

Alles dreht sich um Hohenbuch

ZUM MITTELPUNKT DER WELT

Im beschaulichen Hohenbuch ist etwas ganz Besonderes zu finden: der Mittelpunkt der Welt. Hohenbuch, ein Gemeindeteil von Kirchenlamitz, gehört zum oberfränkischen Landkreis Wunsiedel und liegt inmitten des Fichtelgebirges. Der Weg nach Hohenbuch – und damit zum Nabel der Welt – führt über hügelige Straßen mit einer grandiosen Aussicht: Zwischen Feldern und Wäldern, umrahmt von den Ortschaften Raumetengrün, Kirchenlamitz, Niederlamitz, Großwendern und Marktleuthen, liegt ruhig und fein das Örtchen Hohenbuch.

Erstmals erwähnt wurde es im Jahr 1356, zur damaligen Zeit noch unter dem Namen Hagenbuch, abgeleitet vom Altdeutschen »hagenbouche«, was so viel bedeutet wie Hecke. In Hohenbuch gibt es alte Bauernhäuser aus dem 18. Jahrhundert zu bewundern, auch ehemalige Milchkühlanlagen findet man dort. Die teilweise mit Riegelfachwerk bestückten Häuser bilden mit der sie umgebenden Landschaft ein wunderschönes Bild. Auch vom Zentrum des Ortes mit dem Dorfteich genießt man eine grandiose Aussicht – jedoch befindet sich hier auch noch etwas ganz Besonderes, nämlich das Wahrzeichen von Hohenbuch: der Gedenkstein mit der Aufschrift »Hohenbuch Mittelpunkt der Welt 1987«, zur damaligen Kirchenweih aufgestellt und feierlich eingeweiht. Bürgermeister und Gemeinde sind sich auch heute noch einig: Seit 1987 sind die Hohenbucher offiziell mit dem Schmieren der Erdachse betraut und achten darauf, dass der Globus nicht quietscht und eiert. Eigens zu diesem Zweck befindet sich somit auch ein Schmiernippel auf dem Granitfelsen. Daneben laden ein Tisch und zwei Bänke die Besucher ein, an diesem besonderen Ort kurz innezuhalten und zu lauschen, ob die Hohenbucher ihrer wichtigen Aufgabe auch regelmäßig nachkommen …

Doch nicht nur der Mittelpunkt der Welt lockt jährlich viele Besucher in den Ort, natürlich ist es auch die wunderschöne Lage von Hohenbuch. Ob bei einem Spaziergang, einer Wanderung oder einer Fahrradtour – der Gedenkstein wird gesehen und bewundert. Und wer auf dem Fränkischen Gebirgsweg unterwegs ist, muss nur einen kleinen Umweg auf sich nehmen, um diesen ganz besonderen Ort zu besuchen.

Es ist offiziell, der Mittelpunkt der Welt befindet sich in Bayern, genauer gesagt in Hohenbuch. Wer hilft dabei, die Erdachse zu schmieren?

ERLEBNISTIPP

Nur 5 Min. Fahrtweg liegen zwischen dem Mittelpunkt der Welt und dem **Granitlabyrinth Epprechtstein** bei Kirchenlamitz, das auch über Wanderwege gut zu erreichen ist. Die zum Labyrinth aufgestellten großen Granitsteine laden zum Spielen ein und bieten für Kinder und Erwachsene eine gelungene Abwechslung. Von einer Bank neben dem Labyrinth lässt sich der Platz gut überblicken.

Bayerisches Versailles

SCHLOSS HERRENCHIEMSEE

Im Jahr 1873 wählte der König Ludwig II. von Bayern die größte Insel im Chiemsee als Standort für sein neues Schloss. Dieses sollte ebenso prachtvoll gestaltet sein wie das Schloss von Versailles. Georg von Dollmann nahm sich der anspruchsvollen Aufgabe an und erstellte Pläne für das Schloss, das für König Ludwig zu den kostspieligsten seiner Schlossbauten werden sollte. Mit den Bauarbeiten begann man 1878, jedoch erst 1886 konnte der Märchenkönig in sein neues prachtvolles Anwesen einziehen. Nur noch eine kurze Zeit war ihm darin vergönnt: Das Schloss war nur wenige Tage bewohnt, als der König im Juni 1886 starb; der Bau des Schlosses war zu diesem Zeitpunkt noch nicht komplett abgeschlossen. Dem Willen des Königs, alle seine Bauwerke nach seinem Tod abzureißen, entsprach man allerdings nicht, und so wurde schon kurz nach seinem Ableben das Neue Schloss Herrenchiemsee für Besucher geöffnet. Das kleine Versailles im Süden von Bayern ist ein beliebtes Ausflugsziel, aber nur durch geführte Touren zu besichtigen. Seit 1987 befindet sich ein Museum über den Märchenkönig Ludwig II. in einem Teil des Schlosses.

Auch der Garten ist dem Schlosspark in Versailles (von André Le Notre errichtet) nachempfunden. Im Jahr 1785 legte der königliche Hofgärtner, Carl von Effner, die ersten Entwürfe vor – ebenso wie das Schloss sollte der Garten dem von Versailles nachempfunden sein. Ein genaues Abbild konnte aufgrund der Größe und Be-

Das dem Schloss Versailles nachempfundene Neue Schloss Herrenchiemsee lädt Besucher ein, eines der prachtvollsten Anwesen von König Ludwig II. zu besichtigen.

ERLEBNISTIPP

Die **Fraueninsel** ist mit 15 ha die zweitgrößte Binneninsel im Chiemsee. In einem alten Fischerdorf wohnen heute noch rund 200 Einwohner. Das 1200 Jahre alte Kloster Frauenwörth kann mit einer Führung besichtigt werden. Ein 1,5 km langer Fußweg (Fahrrad- und Autofahren ist auf der Insel verboten) führt einmal um die Insel herum und verschafft Besuchern einen schönen Eindruck der Fraueninsel.

schaffenheit der Insel nicht umgesetzt werden. So wie das Schloss wurde der auch Garten bis zum Tod von Ludwig II. nicht fertiggestellt. Aufwendig gestaltet, ist er eine Nachahmung der im 17. Jahrhundert geschaffenen westlichen Versailler Hauptachse. In der Mitte der Herrenchiemsee Insel auf einer rechteckigen Fläche von etwa 120 x 400 Metern gelegen, rahmt ihn eine doppelte Lindenallee ein. Im Jahr 2008 und 2009 wurde der Schlossgarten mit 10 000 Blumen und einer Vielzahl von Zitrusbäumen neu bepflanzt. Zur weiteren Gartengestaltung zählen zwei Wasserbecken, zwei Marmorbrunnen, ein ovaler Brunnen sowie der unvollendete Apollobrunnen. Die Freitreppe und eine blumengeschmückte Rasenparterre machen die Gestaltung komplett. Der um den Schlossgarten erschlossene Wald wurde weitestgehend in seinem ursprünglichen Zustand belassen.

Der fast sieben Kilometer lange Rundweg auf der Insel zeigt den prachtvollen Garten aus der Nähe. Nichts Ungewöhnliches scheint sich entdecken zu lassen – wechselt man allerdings die Perspektive und betrachtet den Garten aus der Vogelperspektive, zeigt sich ein anderes Bild: Klar zu erkennen sind nun Augen, Nase und Mund eines Mannes; der Blick aus der anderen Richtung zeigt die Schlossgebäude als Haare bzw. die Beine.
Aber nicht nur der Schlossgarten ist außergewöhnlich gestaltet, auch der Schlosshof erinnert an eine wunderbare Geschichte: »Alice im Wunderland«. Der Boden besteht aus einem Schachbrettmuster mit unzähligen schwarzen und weißen Kacheln.

INFO *Das Neue Schloss Herrenchiemsee untersteht der Bayerischen Schlösserverwaltung und ist täglich geöffnet. Fotos und Videoaufnahmen sind im Schloss nicht gestattet, für Aufnahmen jeder Art muss eine Genehmigung eingeholt werden, auch Drohnenflüge sind nicht erlaubt. Besichtigungen des Schlosses werden vom 01. April bis 24. Oktober von 9–18 Uhr, vom 25. Oktober bis 31. März von 10–16.45 Uhr angeboten (letzte Führung 1 Std. vor der Schließzeit). Das König Ludwig II.-Museum ist zu den regulären Schlossöffnungszeiten zu besichtigen (letzter Einlass ebenfalls 1 Std. vor der Schließung).*

Fraueninsel (l.), Schloss Herrenchiemsee (r.). Es ist faszinierend, welch außergewöhnliches Bild sich aus einer anderen Perspektive entdecken lässt.

Naturphänomene

Ein Baumhaus als Tanzsalon

DIE TANZLINDE PEESTEN

Die in Peesten stehende Linde hatte bereits eine historische Vorgängerin, denn bereits aus dem Jahr 1654 existieren Aufzeichnungen über den berühmten Baum. Sie war damals ebenfalls unterbaut und diente als Tanzlinde. Gegenüber vom Schloss, am barocken Schlossgarten, fand man für sie den perfekten Platz, und der Schlossgärtner des Grafen von Giech kümmerte sich hervorragend um diese Linde. Auch im 18. Jahrhundert hatte die Linde schon ihre einzigartige Kubusform. Auf den zwölf Steinsäulen wurde eine Plattform gebaut, auf der man tanzte und feierte. Allerdings wurde der majestätische Baum im 20. Jahrhundert, besonders während der Weltkriege, sehr vernachlässigt. So blieb die einst prächtige Linde nicht mehr erhalten, sie wurde 1947 entfernt.

Im Jahr 1951 pflanzte man an der gleichen Stelle die heutige Tanzlinde. Die Steinsäulen sind noch immer erhalten und stehen unter Denkmalschutz. Im Lauf ihres Wachstums wurden die Äste waagerecht gezogen und an den äußeren Balken befestigt, um die Form der Vorgängerin nachzustellen. Damals hegte der hiesige Bürgermeister die Hoffnung, dass auf dem Baum eines Tages wieder getanzt würde. Im Jahr 1999 bildete sich ein Förderkreis, Fördermittel wurden beschafft und Gelder gesammelt, um das Tanzvergnügen zurückzuholen. Und die Mühen haben sich gelohnt, der Wunsch des einstigen Bürgermeisters ging in Erfüllung: 50 Jahre nach ihrer Pflanzung wurde auf der Linde wieder getanzt. Im Mai

ERLEBNISTIPP

Wer mehr über die Tanzlinden erfahren möchte, wird in Neudrossenfeld fündig: Rund 20 km bzw. 20 Fahrminuten von der Tanzlinde Peesten entfernt, gibt es das **Lindenbaummuseum** zu besichtigen (täglich geöffnet, Eintritt frei). Es zeigt die unterschiedlichen Formen der Linden und erklärt ihre Bedeutung. Zur Information gibt es Texte, Fotos, Filme und Computeranimationen. Eine 350 Jahre alte Tanzlinde ist vom Ausstellungsraum am Hang oberhalb des Maintals zu sehen.

Zu einem ganz besonderen Tanz lädt die Tanzlinde in Peesten ein. Dort kann in der Baumkrone getanzt und gefeiert werden.

2001 fand das Richtfest und am 09. September 2001 die Einweihung statt.

Seit 2003 werden in dem 87 Quadratmeter großen Baumsaal mitten in der Lindenkrone, der ca. 90 Besuchern Platz bietet, wieder Theaterstücke aufgeführt und Konzerte gespielt. So zieht dieser außergewöhnliche Baum jährlich eine Vielzahl von Besuchern an, die sich auf den Bierbänken niederlassen und den angebotenen Darbietungen zusehen und lauschen können (Infos unter tanzlinde-peesten.de). Zudem ist ein besonderes Erlebnis, inmitten der Baumkrone zu tanzen, denn üblicherweise tanzt man unterhalb der Krone um den Baum herum. Der Förderkreis, der 2024 sein 25-jähriges Jubiläum feiert, kümmert sich um die Erhaltung und Pflege. Meist findet im April ein Baumschnitt statt, um die historische Form zu gewährleisten.

Die Linde hat ihren Platz inmitten von denkmalgeschützten Gebäuden gefunden. Die Töpferei, die Marienkirche und die ehemalige Schenkstatt befinden sich in direkter Nachbarschaft. Auch ein Keramikbrunnen ist hier zu finden. Bei der Landesgartenschau wurden dem Ort Lindenbäume geschenkt und in unmittelbarer Umgebung der Tanzlinde gepflanzt. Schilder verweisen an diesem wunderschönen Platz im Herzen von Peesten auf die unterschiedlichen Lindenarten und die Jahre ihrer Pflanzung.

Ein 31 Kilometer langer Radrundweg führt an der Tanzlinde Peesten und an zwei weiteren Tanzlinden in Limmersdorf und Langenstadt vorbei. Für den leicht zu befahrenden KU16-Radweg benötigt man ungefähr 2,5 Stunden. Der Landkreis Kulmbach zeigt sich auf dieser Erkundungstour von seiner besten Seite, hat die nördliche Fränkische Schweiz doch eine besonders schöne Landschaft zu bieten. Und die Tanzlinden sind die Highlights der Region!

Nicht nur der Tanz in der Baumkrone ist in Peesten besonders. Auch die historische Quader Form bietet einen außergewöhnlichen Anblick.

Auch wenn keine Veranstaltung stattfindet, kann die Plattform der Tanzlinde Peesten betreten und besichtigt werden: Während sanft die Sonnenstrahlen durch die Blätter und Äste auf die hölzerne Plattform fallen, genießt man einen wunderbaren Blick auf die Umgebung – ein wunderschöner Ort!

Übrigens: In Diane Cooks Buch »Das Wissen der Bäume« von 2014 ist die Tanzlinde Peesten als einziger Baum aus Europa abgebildet – aus gutem Grund, ist sie doch etwas ganz Besonderes.

Mystisches Felsenlabyrinth

IM DRUIDENHAIN BEI WOHLMANNSGESEES

Dass die Fränkische Schweiz bei Unternehmungslustigen hoch im Kurs steht und es hier viele beliebte Ziele zu entdecken gibt, ist weithin bekannt, denn die wunderschöne Landschaft lädt zu ausgiebigen Spaziergängen und erlebnisreichen Wanderungen ein. In unmittelbarer Nähe des Örtchens Wohlmannsgesees lockt ein weiteres Highlight der Region: der Druidenhain, ein wahrhaft mystischer Ort mitten im Wald. Kleine Wege und Trampelpfade durchziehen ein Labyrinth an interessanten Felsformationen, die zum Klettern und Spielen einladen. Die Felsen zeigen unterschiedliche Formen: mal flach, mal hoch, mal schmal, mal breit, mal klein, mal groß. Auch gestapelt stehen sie im Wald – perfekt für ein Versteckspiel mit der ganzen Familie.

Die teils moosbedeckten Steine ließen schon in alten Zeiten die Menschen um ihre Entstehung rätseln. Der Legende nach soll das Waldstück früher von Druiden als Versammlungsstätte genutzt worden sein, weshalb Anfang des 20. Jahrhunderts der damalige Bürgermeister Georg Richter dem Ort den Namen Druidenhain verlieh (zuvor war das Gebiet als Esbach bekannt). Die keltischen Priester sollen die Gegend schon weit vor Christi Geburt besiedelt haben – so wird erzählt, dass es sich bei den Felsen um Gräber der Druiden handeln würde. Um einen Zusammenhang zu den Druiden herzustellen, führte die Universität Erlangen in den 1980er-Jahren Untersuchungen durch – ohne Erfolg, es wurden keine Skelette oder menschlichen Überreste gefunden. Herkunft und Bedeutung der Felsen bleiben also bis heute ein Geheimnis.

Direkt an der Straße vor dem Waldstück befindet sich ein Wanderparkplatz, jedoch kann man auch zu Fuß von den umliegen-

ERLEBNISTIPP

Wer vom Parkplatz des Druidenhains 10 Min. Richtung Streitberg fährt (oder 60 Min. durch die schöne Landschaft wandert), erreicht ein besonderes Ziel: Hoch oben auf dem Bergsporn des Wiesenttals thront die **Burgruine Neideck**, die neben ihrer Historie einen wunderschönen Ausblick über das Wiesenttal zur gegenüberliegende Ruine der Streitburg bietet. Das Wahrzeichen der Fränkischen Schweiz ist täglich kostenfrei zugänglich.

den Ortschaften hierher wandern. Zu empfehlen ist etwa die zwölf Kilometer lange Rundtour ab Muggendorf: Der anspruchsvolle Wanderweg führt durchs Wiesenttal und den Wald nach Wohlmannsgesees, von hier zum Druidenhain und weiter bis nach Birkenreuth. Dabei begeistert nicht nur das Felsenlabyrinth, sondern auch die wunderbare Aussicht vom Frauensteinfelsen auf das Wiesenttal. Die Tour endet mit dem Abstieg nach Muggendorf.

Mitten im Wald haben die Druiden ihre letzte Ruhe gefunden. Die Felsengräber laden in der Nähe von Wohlmannsgesees zum Erkunden ein.

Familien mit Kindern sollten den leichteren Weg wählen: Der Druidenhain ist nur ungefähr 200 Meter vom Wanderparkplatz an der Straße entfernt; ein Weg führt neben den Bäumen vorbei bis zu einem Tisch mit zwei Bänken – der ideale Platz für eine Mittagspause mit schönem Blick über die Felder hinweg ins Tal. Hier vor dem Waldeingang findet man auch ein Schild mit einer Übersichtskarte des Druidenhains sowie der Anordnung der Steine, inklusive Namensnennung.

Der Druidenhain kann jederzeit besichtigt werden. Die Felsen sollten jedoch mit Vorsicht betreten werden, denn gerade bei Regen und Nässe besteht Rutschgefahr!

Schönstes Geotop im Karst

DIE OFNETHÖHLEN IM NÖRDLINGER RIES

Das Gebiet südwestlich von Nördlingen-Hohlheim weist einen ganz besonderen Untergrund auf: Unterirdische Karstsysteme ziehen sich zwischen dem inneren und dem äußeren Kraterrand durch den Riegelberg. Bei diesen Höhlenresten, den Ofnethöhlen, handelt es sich um hallenartige Hohlräume mit weitem Portal und schwacher Sinterbildung. Sie wurden durch archäologische Funde, unter anderem rituelle Schädelbestattungen aus der Altsteinzeit, bekannt.

Die Entstehung des Kraters ist auf den Einschlag des Riesmeteoriten vor rund 15 Millionen Jahren zurückzuführen, der einen etwa 750 Meter tiefen und 25 Kilometer weiten Krater hinterließ und einen sehr großen Einfluss auf die Landschaft und die Beschaffenheit der Gegend hatte. So entstanden z. B. zahlreiche Geotope. Wer heute im UNESCO Global Geopark Ries unterwegs ist, trifft überall auf die eindrucksvollen Spuren dieser kosmischen Katastrophe. Auf Lehrpfaden und an den Aussichtspunkten, bei Führungen sowie in den Geopark-Infozentren gibt es viel Interessantes über die Entstehung, Geologie und Geschichte des Rieskraters zu entdecken. Seit 2006 trägt der Geopark das Qualitätssiegel Nationaler Geopark.

Das besondere Fleckchen Erde am Riegelberg wird auch »Himmelsreich« genannt, denn der fast zwei Kilometer lange Höhenrücken fasziniert mit seiner besonderen Flora und Fauna sowie mit einer grandiosen Aussicht. Durch den Berg hindurch führt die Landesgrenze zwischen Baden-Württemberg und Bayern – die Ofnethöhlen liegen auf der bayerischen Seite und befinden sich somit in einem Landschaftsschutzgebiet. Das Geotop wurde mit dem Gütesiegel »Bayerns 100 schönste Geotope« ausgezeichnet.

Die Umgebung ist gesäumt von einer Vielzahl an Wanderwegen – der Schäferweg und der Albblickweg führen z. B. den Kraterrand hinauf. Bunte Wiesen und der Blick in die Ferne laden zu unvergesslichen Erlebnissen ein. Mehrere Wanderparkplätze bieten die Gelegenheit, die Ofnethöhlen auf einem kurzen oder auf einem längeren Weg zu erreichen. Wer keine weiten Strecken zurücklegen möchte, aber dennoch

Welch ein unglaublicher Ausblick sich aus den Höhlen ergibt, in denen Anfang des 20. Jh. außergewöhnliche Funde gemacht wurden.

nicht auf die Ofnethöhlen verzichten mag, kann auf dem Parkplatz direkt vor dem Aufgang zu den Höhlen parken. Der Weg den Berg hinauf ist steil und steinig, aber mit festen Schuhen und ein wenig Kondition gut machbar. Nach ein paar Metern wird zunächst die Große Ofnethöhle, dann die Kleine Ofnethöhle erreicht. Vor den Höhlen entdeckt man zudem noch ein weiteres Highlight: die Villa Rustica, eine von den Römern angelegte Befestigung, die freigelegt und für die Öffentlichkeit zugänglich gemacht wurde. Schätzungen zufolge ist sie um 400 v. Chr. erbaut worden.

Forschungen über die Ofnethöhlen haben ergeben, dass diese bereits vor 40 000 Jahren, in der Altsteinzeit, von Menschen genutzt wurden. Der Geologe Oscar Fraas entdeckte 1875 und 1876 bei Untersuchungen Steinwerkzeuge und Tierknochen. Anfang des 20. Jahrhunderts machte dann der Tübinger Archäologe Robert Rudolf Schmidt eine außergewöhnliche Entdeckung: Er ließ einen hinabgestürzten Felsen am Eingang der großen Ofnethöhle sprengen, um die darunterliegenden Schichten zu erforschen. Nach der Sprengung, die den Eingang der Höhle vergrößerte, kamen 33 Menschenschädel zum Vorschein, die sich auf die Mittelsteinzeit um 8000 v. Chr. zurückdatieren ließen. In zwei kleinen Gruben lagen die Schädel frontal nach Westen hin ausgerichtet und ordentlich angeord-

Die Ofnethöhlen liegen inmitten von wunderschönen Landschaften, die einst durch einen Meteoriteneinschlag geformt und geprägt wurden.

net. Doch nicht nur die Schädel waren in den Gruben begraben: Mit ihnen wurden Farben für Körperbemalungen, mehr als 200 Hirschgrandeln (Eckzähne) und über 4000 Schneckenhäuser gefunden. Da die Zähne und Schneckenhäuser durchbohrt waren, mussten sie einst zu Ketten, Netzen und Schmuck gehört haben.

Die Große Ofnethöhle liegt auf etwa 520 Metern Höhe und die Kleine Ofnethöhle noch weitere 50 Meter höher. Der begehbare Eingangsbereich der Großen Ofnethöhle hat eine Länge von acht Metern, eine Breite von acht Metern und eine Höhe von neun Metern. Die Höhle weist eine Gesamtlänge von 55 Metern bei einem Höhenunterschied von zehn Metern auf. Die höher gelegene Kleine Ofnethöhle hat einen Eingangsbereich von zwölf Metern Länge, sieben Metern Breite und drei Metern Höhe. Beide Höhlen haben »Fenster« nach außen, durch die sich ein wunderschöner Blick auf die Umgebung bietet. Mit dem Wissen, dass vor Tausenden von Jahren schon Menschen in den Höhlen ihr Zuhause hatten, ist eine außergewöhnliche Atmosphäre in den Höhlen spürbar.

ERLEBNISTIPP

Wer in der Umgebung der Ofnethöhlen spazieren oder wandern will, sollte dem **Waldlehrpfad »Rund um die Hölle«** in Ederheim einen Besuch abstatten. Mehrere Infotafeln halten hier kleine Rätsel bereit, die mit ihren Lösungen viel Wissenswertes über das Ökosystem und die Umgebung bereithalten. Für Geocache-Begeisterte gibt es am Ende sogar einen Schatz zu finden. Für Naturliebhaber der perfekte Ort, um die Ruhe, Tier- und Pflanzenwelt zu genießen!

Außergewöhnlicher Kalktuffdamm

DIE STEINERNE RINNE BEI ROHRBACH

Wachsendes Gestein gibt es nur selten zu sehen, und so beläuft sich die Gesamtzahl der sogenannten Steinernen Rinnen in Deutschland auf gerade mal 21. In Altmühlfranken hingegen kann man gleich mehrere entdecken, z. B. bei Rohrbach, einer kleinen Gemeinde im oberbayerischen Landkreis Pfaffenhofen an der Ilm. Mit einer Länge von 60 Metern und einer Breite von bis zu 1,5 Metern ist die hiesige Steinerne Rinne sogar eine der größten. Und in der Umgebung finden sich noch weitere Rinnen, wie z. B. in Wolfsbronn, Heidenheim, Buckmühle oder Oberweiler.

Dass sich eine Steinerne Rinne formt, setzt zunächst eine Quelle mit besonders kalkhaltigem Wasser sowie einen Hang voraus, über den das Wasser gemäßigt abfließen kann. Durch die Kalkabscheidung aus dem Wasser wird das Bachbett erhöht, und es entsteht diese ungewöhnliche Erhebung, die im Lauf der Jahre sozusagen aus dem Bachbett hinauswächst. In der Regel entwickeln sich die Kalkabscheidungen zu Flächen oder breiteren Formen, in seltenen Fällen bauen sie sich aber auch so gleichmäßig auf wie in Rohrbach.

Die Anfahrt durch Wiesen und Felder bietet eine grandiose Aussicht auf die Umgebung, und vom Parkplatz am Waldrand ist die Rohrbacher Steinerne Rinne mitten im Laubwald nicht weit entfernt. Vor dem

Die Steinerene Rinne zeigt Besuchern auf faszinierender Art und Weise, welch kuriose Gestaltungsmöglichkeiten die Natur zu bieten hat.

Parkplatz befindet sich ein großzügig angelegter Spielplatz mit Sitzmöglichkeiten, der bei Kinder Entzücken hervorrufen wird. Zudem bietet natürlich auch die umgebende Natur viele Spielmöglichkeiten. Zwischen Parkplatz und Wald liegt ein Wassertretbecken, dass sich an warmen Tagen perfekt für eine Abkühlung anbietet. Auch der daran anschließende Bach kann erkundet werden.

Von hier folgt man dem ausgeschilderten Weg in Richtung Steinerne Rinne. In ca. 50 Metern Entfernung liegt das Ende des Kalktuffdamms, der Bach fließt von dort bis zum Wassertretbecken und weiter. Neben der Steinernen Rinne befindet sich ein Holzsteg, der an dem faszinierenden Naturphänomen entlangführt. So wird der moosbewachsene Kalkstein in seiner Entwicklung geschützt, ohne dass die Besucher ihm zu nahekommen – und diese können dennoch die beeindruckende Tuffformation sowie die schöne Natur rundum ausgiebig genießen.

ERLEBNISTIPP

Wanderer und Radler, die auf dem Limes-Wander- bzw. -Radweg unterwegs sind, sollten den **Römererlebnispfad Burgsalach** besuchen. Hier können das Weltkulturerbe Limes und die Römerstraße auf Wanderwegen (5,8 km bzw. 12,7 km) erkundet werden. 12 Stationen geben Einblicke in die Welt des einstigen Römischen Weltreichs und vermitteln dabei viel Wissenswertes. Wer mit dem Auto anreist, kann neben dem Sportplatz Burgsalach parken.

Von Moosbrillen und *Seeaugen*

DURCHS MURNAUER MOOS

Die bayerische Voralpenregion des Blauen Landes mit der Ortschaft Murnau und dem angrenzenden Staffelsee zieht jährlich eine Vielzahl von Besuchern und Wanderern an. Zudem ist das Landschaftsschutzgebiet Murnauer Moos im Landkreis Garmisch-Partenkirchen bekannt für seine einzigartige Flora und Fauna, die über 1000 Pflanzenarten und rund 1800 Tierarten beheimatet. Das Moorgebiet besteht aus Streuwiesen sowie aus Nieder-, Hoch- und Übergangsmooren. Seltene und

bedrohte Tierarten können hier beobachtet werden.

Vor ca. 15 000 Jahren überfloss der Loisachgletscher das heutige Gebiet des Murnauer Mooses; bei seinem Rückzug hinterließ er eine karge Tundrenlandschaft. Dieses Becken füllte sich mit Schmelzwasser und ein See entstand. Im Lauf der weiteren Jahrtausende verlandete dieser See immer mehr und durch abgestorbene Pflanzenreste entwickelte sich das Moorgebiet. Mit 32 Quadratkilometern ist das Murnauer Moos das größte zusammenhängend erhaltene Moorgebiet in Mitteleuropa. Hier gibt es bis zu 600 Quelltöpfe und Grundwasseraufstöße – diese werden auch Moosaugen, Moosbrillen oder Seeaugen genannt. Sie entstehen dadurch, dass sich Grundwasser durch die Moorschichten bis an die Oberfläche drückt.

Diese Moosaugen sind aufgrund des Naturschutzes nicht alle zugänglich. Einige dieser faszinierenden Quelltöpfe lassen sich aber auf Wanderwegen entdecken; sie sind vorwiegend im südlichen Teil des Murnauer Moos zu bestaunen, beispielsweise am Krebssee, am Krebsbach und rund einen Kilometer weiter auf einer Wiese. Dort sind sie bis zu vier Meter tief. Das glasklare Wasser lässt einen Blick in die Tiefe zu und spiegelt zugleich die Schönheit der Umgebung wider.

Der wohl beliebteste Wanderweg ist der zwölf Kilometer lange Rundweg (ca. 3 Std.) durch die Weiten des Moors, durch Wald und über hügeliges Gelände mit einer atemberaubenden Aussicht. Der ausgeschilderte Bohlenweg bietet außerdem die Möglichkeit, das Moorgebiet auf eine andere Weise zu erkunden: Der Steg verläuft direkt über der feuchten, unbeständigen Mooroberfläche und ist mit ca. 60 Zentimetern Breite recht schmal. Dennoch bieten sich die Wanderungen im Landschaftsschutzgebiet generell für alle Generationen an. Die Routen können zu Fuß oder mit dem Rad zurückgelegt werden. Parkmöglichkeiten gibt es in Murnau bzw. an den verschiedenen Wanderparkplätzen (gebührenpflichtig) am Rand des Moorgebiets.

ERLEBNISTIPP

Ein weiteres schönes Wandergebiet ganz in der Nähe ist die Umgebung rund um Walchen- und Kochelsee. Von Ohlstadt kann z. B. eine leichte Wanderung auf den **Heimgarten** (1790 m; 5 Std.) unternommen werden mit Stationen u. a. an den Kaltwasserfällen, der Kaseralm, der Bärenfleckhütte und dem Ohlstädter Wasserfall. Vom Heimgarten bietet sich ein fantastischer Blick auf das Estergebirge und, bei klarer Sicht, bis hinüber zur Zugspitze.

Wer tief in die Seele eines Moores schauen will, ist im Murnauer Moos genau richtig. Ein Blick ins Moosauge gibt einen Einblick in eine andere Welt.

INFO *Das Moorgebiet ist ganzjährig zugänglich. Von Mai bis Oktober werden Natur- und Erlebnisführungen angeboten. Die Wiesen sind allerdings vom 01. März bis zum 31. Juli gesperrt; das Wiesenbrütergebiet ist markiert, und eine Begehung ist in dieser Zeit untersagt.*

Blutige Sagen aus dem Allgäu

DER ALATSEE BEI FÜSSEN

Geheimnisumrankt liegt er da, der Alatsee im Ostallgäu nahe Füssen, mitten in einem Landschaftsschutzgebiet auf 868 Metern Höhe und in direkter Nachbarschaft zum Weißensee. 490 Meter lang und 290 Meter breit ist er und umfasst damit eine Fläche von zwölf Hektar; an seiner tiefsten Stelle misst er gut 32 Meter.

Doch das ist es nicht, was ihn so mystisch interessant macht: In 15 bis 18 Metern Wassertiefe weist der See eine leuchtend rosa Schicht von Purpur-Schwefelbakterien auf, durch die kein Sonnenstrahl dringt. So ist es im unteren Teil des Sees sehr sauerstoffarm und dunkel. Cyanobakterien werden gelegentlich hochgespült, dann färbt sich das Wasser rot, und der Alatsee wird zum »blutenden See«, ehe das Schauspiel nach ein paar Tagen wieder verschwindet.

Besucher und Wanderer können dieses Naturspektakel von sicherer Entfernung aus beobachten. Ein Rundweg führt einmal um den See herum. Der Weg ist leicht und ohne Höhenmeter sehr gut begehbar. Baden ist auf eigene Gefahr erlaubt, aber aufgrund der Bakterien nicht sehr beliebt. Der leichte Schwefelgeruch könnte ebenfalls dazu beitragen, dass der Aufenthalt am Alatsee eher aus einem Spaziergang besteht als aus einem Schwimmerlebnis. Nur vereinzelte Taucher, die eine Ausnahmegenehmigung erhalten, können die Bakterien aus der Nähe betrachten.

Die außergewöhnliche Färbung führt schon seit Jahrzehnten zu Spekulationen bei den Menschen: Es soll Fabelwesen und Gespenster in der Gegend geben, und verwunschene Frauen sollen Wanderer in den See hinabziehen – daher die rote Farbe, die das Blut der neuen Opfer anzeige ... Besonders beunruhigend war es wohl mit anzusehen, wie Fische starben und Menschen

ERLEBNISTIPP

Der nahegelegene **Gipsbruchweiher** färbt sich ebenfalls zuweilen recht außergewöhnlich in Lila: Wenn die Purpurbakterien im See blühen, eine gewisse Schwefelkonzentration vorliegt und das Licht eine besondere Intensität hat, ist dieses Naturphänomen zu beobachten. Die ungewöhnliche Färbung war zuletzt im April 2024 zu sehen – nach vier Jahren Pause (die letzte Verfärbung gab es 2020).

nicht mehr auftauchten – dieses Phänomen ist wahrscheinlich auf den freiwerdenden Schwefelwasserstoff zurückzuführen, was aber nicht abschließend wissenschaftlich belegt ist. Auch wird berichtet, dass Erdspalten unter dem See bis nach Österreich führten und: Der Goldschatz der Deutschen Reichsbank soll sich am Grund des Sees befinden, nachdem er Ende des Zweiten Weltkriegs hier versenkt worden wäre. Schatzsucher seien allerdings gewarnt, denn den Gerüchten nach gibt es kein Auftauchen aus dem See mehr (s. oben).

Dieses Naturschauspiel der Wasserfärbung findet zudem auch in anderen Gewässern der Umgebung statt. So ist z. B. das Faulenbacher Tal mitsamt Bach durch Schwefelquellen und Schwefelgeruch geprägt, was in der Vergangenheit viele Besucher abschreckte. Mittlerweile überwiegt jedoch die Faszination, diese seltenen Naturwunder mitzuerleben – sobald die Färbung aktuell zu sehen ist, berichten die Medien darüber. Die oft kleinen Gewässer erreichen allerdings schnell ihre Besucher-Obergrenze: Wer zu einer ungünstigen Zeit kommt, wird von Absperrungen und der Polizei am Zugang zum See gehindert.

Die außergewöhnlichen Verfärbungen des Alatsees geben Rätsel auf. Nicht ohne Grund werden hier Mythen und Sagen als wahre Geschichten gesehen.

Spannende Aktivitäten

Grenzenloses Wandern

AUF DAS ALLGÄUER FELLHORN

Das Fellhorn ist mit seinen 2038 Metern Höhe ein beliebtes Ziel bei Wanderern und Skifahrern und im äußersten Süden der Allgäuer Alpen bei Oberstdorf zu finden. Eine weitere Besonderheit: Über den Berg verläuft die Grenze zwischen Deutschland und Österreich mit dem Stillachtal zur einen und dem Kleinwalsertal zur anderen Seite. Der auch »Blumenberg« genannte Gipfel ist besonders im Spätsommer ein unglaubliches Erlebnis, wenn die Wiesen seiner Berghänge in bunte Farben getaucht werden. Besonders die rot-violett blühenden Alpenrosenfelder versetzen die Wanderer in Entzücken.

Von Oberstdorf führt eine kurvige Straße durch das Vorland der Alpen. Der Blick auf die Berge ist schon von dort atemberaubend schön. An der Talstation Stillachtal gibt es eine ausreichende Anzahl von Parkplätzen. Von hier fährt man mit der Fellhornbahn hinauf zur Bergstation auf 1967 Metern Höhe. Die Großraumgondel befördert Wanderer bis zum Gratweg in die Nähe des Gipfelkreuzes. Wer den Ausstieg aus der Gondel an der Mittelstation nutzt, kann einem leicht begehbaren kurzen Wanderweg bis zum Gratweg folgen, der dann geradewegs zum Gipfelkreuz führt; er ist ein zwei Meter breiter Weg, der gut von Groß und Klein zurückgelegt werden kann.

Wer einen längeren Weg zum Gipfel zurücklegen möchte, kann die Kanzelwand- und die Söllereckbahn nutzen. Von der Söllereckbahn aus führen steile Wanderwege ebenfalls nach oben. Für diese Wege sind feste, knöchelhohe Wanderschuhe und Wanderstöcke zu empfehlen. Teilweise fallen die Hänge neben dem Weg steil ab – Wanderer sollten also schwindelfrei sein, um die Wege problemlos meistern zu können. An einigen Stellen begrenzen

ERLEBNISTIPP

Direkt im Skigebiet Fellhorn/ Kanzelwand laden der **Crystal Slope, der Crystal Peak Funparkund der Crystal Ground** Ski-Begeisterte zu Fun und Action ein. Der 840 m lange Crystal Slope bietet eine Skiabfahrt über Wellen, durch Tunnel und eine Schnecke, der Crystal Peak Funpark lockt mit leichten bis mittelschweren Kickerlines und leichten Obstacles, und der Crystal Ground begeistert mit Camps, Veranstaltungsserien und Sessions.

Seile starke Abhänge. An der Bergstation der Söllereckbahn bietet sich die Möglichkeit zur Einkehr. Eine weitere gibt es am Schlappoldkopf in der Alpe Schlappold, einer Käserei, die zur Besichtigung und Käseverkostung einlädt.

Von der Bergstation der Kanzelwandbahn, ebenfalls mit Einkehrmöglichkeit inklusive Sonnenterrasse, führt eine weitere Wegvariante durch grüne Wiesen, mit Blick auf die Berge und den Riezler Alpsee, vorbei an den Allgäuer Kühen hoch zum Gipfelkreuz und erfüllt dabei alles, was das Wanderherz begehrt.

Oben am Gratweg bietet sich ein grandioser Blick in alle Richtungen: auf die Alpen, den Hohen Ifen und auf das Gottesackerplateau. Durch seine besondere Lage gibt es auf dem Gratweg des Fellhorns die Möglichkeit, mit dem einen Fuß in Deutschland und mit dem anderen Fuß in Österreich zu stehen – Grenzsteine zieren den Weg, der umgeben ist von saftig grünen Wiesen. Dieser außergewöhnliche Ort fasziniert daher nicht nur mit seiner unglaublich schönen Landschaft, sondern auch mit seiner regionalen Besonderheit, weshalb man als Grenz-Wanderer diesen Ausblick wohl noch lange in Erinnerung behalten wird.

Bei einer Gratwanderung auf dem Fellhorn können Besucher mit einem Fuß in Deutschland und mit dem anderen Fuß in Österreich stehen.

Aktiv in jedem Alter

NÜRNBERGER BEWEGUNGSPARKS

In Nürnberg haben alle Generationen die Möglichkeit, sich sportlich zu betätigen: Seit 2006 gibt es hier Bewegungsparks, die der Öffentlichkeit frei zur Verfügung stehen. Im Jahr 2008 sollte die Landesgartenschau in Neu-Ulm stattfinden. Der damalige Nürnberger Bürgermeister Förther hatte daraufhin eine ganz besondere Idee, die er bereits 2006 mit einem Landschaftsarchitekten anging: Er wollte frei zugängliche Bewegungsmöglichkeiten für Senioren schaffen und damit ihre Mobilität fördern. Diese Idee wurde noch im selben Jahr in die Tat umgesetzt und 2006 der erste Bewegungspark für alle Generationen im Nürnberger Stadtteil Eibach eröffnet. Das Medieninteresse war riesig, war Nürnberg doch ein Vorreiter für diese Bewegungslandschaften. Bis zum Jahr 2014 setzte sich Bürgermeister Förther für die Entwicklung dieser Parks ein, ebenso seine Nachfolger.

2007 folgten zwei weitere Angebote: im Stadtpark und an der Seniorenresidenz Martha-Maria. Dieser Bewegungspark war speziell auf Senioren ausgerichtet. Es wurden Drehscheiben und verschiedene Geräte, die die Senioren zu angemessenen Bewegungen animieren, installiert. Im Jahr 2009 tätigte die WBG Nürnberg zu ihrem 90. Jubiläum eine hohe Spende, und gemeinsam mit einem Landschaftsarchitekten wurden die Standorte Langwasser und Pegnitztal-West konzipiert und entwickelt. Langwasser gewann 2009 sogar den Spielraumpreis. Erst 2013 konnte im Folgenden der nächste Park eröffnet werden: der Bewegungspark Reichelsdorf. 2018 folgte am Wöhrder See neueste Bewegungslandschaft. Dort gibt es außerdem die Möglichkeit, im See zu schwimmen, den Wasserspielplatz zu nutzen und unterschiedliche Erlebnisstationen auszuprobieren. Der Bewegungspark befindet sich an der Südseite des Sees.

Insgesamt wurden mittlerweile um Nürnberg herum sieben Bewegungsparks gestaltet, die gern und ausgiebig von allen Generationen genutzt werden. Auch mitten in der Stadt gibt es Standorte, an denen einzelne Geräte zu finden sind. Stets ist man dabei auf der Suche nach geeigneten Plätzen, Flächen und natürlich finanziellen Mitteln für neue

Die Bewegungsparks in Nürnberg bieten allen Generationen die Möglichkeit sportlichen Aktivitäten nachzugehen. Das Angebot ist vielseitig.

ERLEBNISTIPP

Wer den Bewegungspark am **Wöhrder See** besucht, sollte unbedingt die Wasseraktivitäten nutzen. Der Stausee lädt mit einer Fläche von 52 ha und mit seinem wunderschön gestalteten Seepark mitten im Nürnberger Stadtteil Wöhrd Jung und Alt zu Badespaß und Entspannung ein. Rundwege bieten sich für entschleunigte Spaziergänge an, und in der Badebucht kann das kühle Nass ausgiebig genossen werden. Das perfekte Angebot für einen Tagesausflug!

Projekte. Mit den Erfahrungen der letzten Jahre haben sich die Parks dementsprechend weiterentwickelt, es wurden laufend verändert und verbessert. Auch Neubaugebiete werden auf ihre Eignung für neue Standorte geprüft. Zuständig für die Bewegungsparks für alle Generationen ist der SportService der Stadt Nürnberg. In Kooperation mit Landschaftsarchitekten, dem SÖR (Servicebetrieb Öffentlicher Raum), der Stadtplanung und dem Umweltamt werden Ideen entwickelt und umgesetzt.

Die Angebote der Bewegungsmöglichkeiten werden sehr gut genutzt. Menschen jeden Alters verbringen gern Zeit an den Geräten in den Bewegungslandschaften. Die unterschiedlichen Ausstattungen bieten für alle und für unterschiedliche Mobilitäten die passenden Gerätschaften. Zusätzlich gibt es Laufstrecken, Multicodierungen und eine Vielfalt von »Bodenbemalungen« z. B. für das Kästchen-Springen. Gerade in der Coronazeit gab es eine starke Auslastung, was den Bewegungsparks einen großen Aufschwung brachte.

Seit 2014 gibt es vom SportService der Stadt Nürnberg zusammen mit Nürnberger Sportvereinen das Angebot »Mach mit, bleib fit«: Dabei handelt es sich um kostenlose Übungsstunden an den unterschiedlichen Standorten. Mittlerweile sind sechs Parks daran beteiligt, und insgesamt gibt es neun Sportvereine, die das Projekt mit ihren Angeboten unterstützen. Seit Beginn sind steigende Teilnehmerzahlen zu verzeichnen. Von Mai bis September können die Angebote kostenfrei genutzt werden, eine Anmeldung ist nicht erforderlich. Ein- bis zweimal die Woche finden Kurse mit einem Übungsleiter statt; sie sind für 60 Minuten angesetzt. Sollten die Angebote so gut besucht sein, dass die Gerätschaften nicht ausreichen, weicht man auf die Umgebung aus. So wird die Gruppe aufgeteilt: Ein Teil nutzt die Geräte und der andere Teil der Gruppe macht Übungen auf der Wiese oder auf einer Laufstrecke. Ein tolles Angebot für alle Generationen!

Der neuste Bewegungspark am Wöhrder See (r.) und der Park Pegnitztal West (l.) zählen zu den beliebtesten unter allen Besucher-Generationen.

Geister, Kobolde und ein Regenbogen

DURCH DIE LEUTASCHKLAMM

Die Leutaschklamm liegt im Süden von Bayern direkt an der Grenze zu Österreich. Durch die Klamm fließt die Leutascher Ache Richtung Mittenwald und hat dabei im Lauf der Jahre ihre Spuren im Gestein hinterlassen. Die längste erschlossene Klamm der Deutschen Kalkalpen bietet eine Erlebniswelt aus Wasser und Stein. Im Jahr 1880 wurde bereits der erste Teil für Besucher geöffnet. 2003 wurden die Wege ausgebaut und 2006 die neuen Stege und Brücken errichtet. Die Klamm lässt sich seitdem über Metallstäbe und Gitterwege hervorragend erkunden. Unterwegs gibt es verschiedene Gasthäuser, die zur Einkehr einladen.

Drei Wege führen durch die Klamm: der Wasserfallsteig, der Koboldpfad und der Klammgeistweg. Gestartet wird dabei immer am Mittenwalder Klammkiosk. Der Wasserfallsteig wurde bereits vor 140 Jahren erschlossen; er führt nur wenige Meter vom Wasser entfernt zu einem wunderschönen Wasserfall, der über 23 Meter die Felsen hinabstürzt. Wenn das Licht passend fällt, ist hier sogar ein Regenbogen zu sehen. Der Weg besteht zum Teil aus Holzstegen. Der Bereich direkt am Wasser ist mit einem Geländer an der Wasserseite und mit einem Seil an der Felsenseite gesichert. Mit 400 Metern (Hin- und Rückweg) ist der Wasserfallsteig der kürzeste Weg durch die Leutaschklamm und in rund 20 Minuten zurückzulegen.

Der Koboldpfad ist 1,9 Kilometer lang und in ungefähr einer Stunde zu absolvie-

ERLEBNISTIPP

Eine weitere schöne Klamm ganz in der Nähe ist die **Partnachklamm**. Der Eingang befindet sich direkt an der Graseckbahn-Talstation in Garmisch-Partenkirchen. Das faszinierende Naturwunder beeindruckt mit seinen Felswänden und Wasserspielen. Tosend, tropfend, steil: Die Tunnel und Galerien machen diesen Wanderweg durch die Klamm zu einem ganz besonderen Erlebnis für die ganze Familie. Achtung: Die Tunnel haben an einigen Stellen nur eine Höhe von 1,75 m.

Bis zu 75 Meter hoch ragen die Felswände in der Leutaschklamm. Die verschiedenen Rundwege laden Groß und Klein auf Entdeckungstour ein.

ren. Es handelt sich um einen Rundweg, der unbedingt im Uhrzeigersinn gegangen werden sollte: Unterwegs warten mehrere Infotafeln auf die Besucher, die auf unterhaltsame, kindgerechte Weise etwas über die Entstehung der Leutaschklamm und ihre Geheimnisse erzählen. Der Koboldpfad führt durch den Wald bis zur Panoramabrücke und weiter durch den Wald zurück zum Klammkiosk.

Wer das ganz große Klammerlebnis mitmachen will, sollte den Koboldpfad um den Klammgeistpfad erweitern, denn dieser führt am tiefsten in die Klamm hinunter. Er ist drei Kilometer lang, für die etwa eineinhalb Stunden benötigt werden. Der Weg kann ebenfalls ab dem Parkplatz Leutaschklamm gestartet werden und ist für die gesamte Familie geeignet.

Die Leutaschklamm wird auch Geisterklamm genannt, glaubte man doch über Jahrhunderte hinweg an einen Dämon, der zusammen mit den Kobolden den Ausgang des Leutaschtals bewacht haben soll. Auch heute noch soll hier der Klammgeist sein Unwesen treiben und für seine Streiche bekannt sein. Mit seinen Helfern, den Wasserfeen, den Klammkobolden und den Wasserzwergen, feiert er laute Feste in den Tiefen der Klamm: Zwischen den Felsen, zum tosenden Wasser wird laute Musik ge-

Auf in die Welt des Klammgeistes. Er treibt in den Tiefen der Klamm sein Unwesen. Zwerge, Kobolde und Feen sind hier ebenfalls zuhause.

spielt und ausgelassen getanzt. Der Klammgeist soll bereits mehrfach gesehen worden sein – auch in Mittenwald wurde er schon gesichtet.

Wer ist bereit, sich auf die Spuren des Klammgeistes zu machen? Wer lockt den Geist aus seinem Versteck? Wer hört ihn atmen? Wer kann ihn als Erstes entdecken? Wanderer, die sich auf die Suche nach dem Klammgeist machen, werden im Wald bereist eine geheimnisvolle Stimmung spüren. Durch ein buntes Tor wird dann über die Regenbogenschlange das Reich des Klammgeists betreten. Durch den Gitterboden fällt dabei der Blick in die hier bis zu 75 Meter tiefe Klamm – in das Reich des Klammgeists. Vorbei an der Klangkurve, der Geistergrotte, dem Spiegelkabinett, der Zauberspirale, über die Höllbrücke und das Teufelswasser, durch die Hexenküche bis zum Donnergrollen und über die Panoramabrücke führt der Weg direkt zum Geisterschatz. Ein spannendes Erlebnis für Groß und Klein.

Der Wasserfallsteig ist nur in den Sommermonaten geöffnet und kostet Eintritt. Der Koboldpfad und der Klammgeistpfad sind kostenfrei. Ab dem ersten Schneefall nach den Herbstferien werden die Wege geschlossen und öffnen erst wieder Anfang Mai des Folgejahres. Die schmalen und felsigen Wege sind für Kinderwagen nicht geeignet. Achtung: Die Regenbogenschlange besteht aus einem abgesicherten Gitter-Tunnel, für den alle Besucher unbedingt schwindelfrei sein sollten. Der Parkplatz Leutaschklamm ist gebührenpflichtig.

Eiskapelle und ein nasses Grab

ÜBER DEN KÖNIGSSEE

Der Königssee im Berchtesgadener Land ist ein beliebtes Ausflugsziel und der wohl meistbesuchte See in Deutschland. Mit seinen fjordähnlichen Felswänden lockt er die Besucher zu jeder Jahreszeit und begeistert mit seinen smaragdgrünen und tiefblauen Farben. Eingebettet zwischen den steilen Berghängen liegt er unter den imposanten Gipfeln des Watzmanns und des Hagengebirges in einem wunderschönen Alpen-Nationalpark auf 600 Metern Höhe. Er hat eine Fläche von ca. 5,2 Quadratkilometern.

Um den kompletten See herum gibt es keine Straßen oder Wege, nur wer sich auf ein Schiff begibt, kann die traumhafte Kulisse bewundern. Auch gibt es hier kein Wassersportangebot – nur mutigen Schwimmern ist es erlaubt, das kühle Nass zu genießen. Doch Vorsicht ist geboten: Das Wasser erwärmt sich auch im Sommer auf nicht mehr als 20 °C – wer dennoch eine Abkühlung sucht, kann den See auf eigene Gefahr nutzen. Die Schiffsanlegestellen St. Bartholomä und Salet sowie die Bedarfshaltestelle Kessel bieten wunderbare Wanderwege und Einkehrmöglichkeiten – den mit einer gesamten Fallhöhe von 470 Metern höchsten Wasserfall Deutschlands, den Röthbachfall, erreicht man z. B. von der Salet aus über einen leichten Wanderweg.

Am Königssee kann das tiefgelegenste permanente Eisfeld der Deutschen Alpen erkundet werden: die Eiskapelle am Fuß der atemberaubenden Watzmann-Ostwand. Enorme Schneemassen, die im Winter und Frühjahr vor allem als gewaltige Lawinen aus der Watzmann-Ostwand abgehen, nähren so dieses Firnfeld, das das ganze Jahr über besteht. Eine mittelschwere Wanderung führt zu diesem Naturhighlight – je nach Jahreszeit und Wetterbedingungen können die etwas mehr als sechs Kilometer Wegstrecke und 250 Höhenmeter in etwa drei Stunden zurückgelegt werden. Trittfeste Wanderschuhe sind dabei unbedingt notwendig! Gestartet wird an der Schiffsanlegestelle St. Bartholomä, ab der Nationalpark-Informationsstelle weisen Schilder den Weg. Die erlebnisreiche Wanderung führt über den Eisbach zur Kapelle Sankt Johann und Paul und durch den Wald bis zur Aussicht auf die wunderschöne Kulisse der

Die Eiskapelle ist ein faszinierendest Naturphänomen, das das gesamte Jahr über ein beliebtes Ziel bei den Wanderern am Königssee ist.

ERLEBNISTIPP

Oberhalb von Berchtesgaden liegt das berühmte **Kehlsteinhaus.** Das im Jahr 1938 fertiggestellte Haus wird mittlerweile als Berggaststätte geführt. Von der Terrasse haben Besucher einen wunderbaren Blick auf die Berchtesgadener Bergwelt und die Salzburger Gegend. Die Ausstellung des Institutes für Zeitgeschichte bietet zudem Infos, Dokus und mahnende Erinnerungen an die menschenverachtende NS-Diktatur. Zu erreichen ist das Haus über Wanderwege bzw. mit dem Bus.

Watzmann-Ostwand. Nach steinigen Wegen, umgeben von riesigen Felsen, ist das ewige Eis das wohlverdiente Ziel.

Im Inneren des Eises befindet sich ein Hohlraum, der als Eiskapelle bezeichnet wird. Dieser ist von Gängen und Schächten umgeben, die je nach Jahreszeit und Schmelzwasser ihre Größe verändern. Im Winter ist der Eingang oft durch Schnee versperrt; die Gänge selbst sind schmal und unbeständig. Im Sommer können die Hohlräume bis zu 30 Meter Breite und 15 Meter Höhe erreichen. Die Höhle bietet einen faszinierenden Anblick. **ACHTUNG:** Die Eiskapelle ist ständig einsturzgefährdet, bei Betreten besteht Lebensgefahr!

Doch so schön er sein mag, ist der Königssee auch ein Ort der unheimlichen Geschichten. Wird eine Schifffahrt über den Königssee unternommen, kreisen die Gedanken wahrscheinlich eher um die bevorstehende Wanderung, den unglaublichen Ausblick oder die unvergesslichen Erlebnisse, nicht aber um das, was unter der Oberfläche des Sees liegen könnte. Während die Besucher vom Schiff aus den Anblick der mächtigen Watzmann-Ostwand genießen, wissen sie vielleicht nicht, dass sich genau dort im See unter ihnen ein ungewöhnliches Grab befindet.

In früheren Zeiten, als der See zugefroren war und die Halbinsel St. Bartholomä nicht mehr durch Schiffe erreicht werden konnte, wurde die Oberfläche für Kraftfahrzeuge und Fußgänger freigegeben. Am 28. Januar 1964 allerdings nicht. Ein Mann entschied sich dennoch dazu, den See mit seinem VW-Käfer zu befahren und St. Bartholomä zu besuchen. Auf dem Rückweg soll er unterhalb der Watzmann-Felswand, auf Höhe der Falkensteinwand, ins Rutschen gekommen sein. An dieser Stelle war der See nicht zugefroren, und der VW-Käfer versank in der Tiefe. Erste Vermutungen, dass der Wagen im Eis eingebrochen sei, wurden im Lauf der folgenden Ermittlungen nicht bestätigt. Erst 30 Jahre später wurden das Auto und der Fahrer von einem bemannten U-Boot gefunden: Ein Fischer wollte die Unterwasserwelt erkunden und stieß auf dieses ungewöhnliche Wrack. Der VW und sein Fahrer liegen bis heute in 120 Metern Tiefe auf dem Grund des Königssees.

Der beliebte See kann ganzjährig besucht werden. In den Wintermonaten fahren die überdachten und beheizten Schiffe allerdings nur bis zum Anleger St. Bartholomä. Unbeständige Wetterbedingungen können die Fahrten zudem einschränken oder ganz ausfallen lassen.

Der Königssee liegt idyllisch eingebettet in einem wunderschönen Bergpanorama. Doch was verbirgt der See unter seiner glänzenden Oberfläche?

Auf den Spuren der Wracks

AM UND IM WALCHENSEE

Der Walchensee in den bayerischen Voralpen südlich von München auf 801 Metern Höhe gelegen, ist einer der größten Alpenseen Deutschlands, rund 190 Meter tief und 16,4 Quadratkilometer groß. Er gehört zum Landkreis Bad Tölz-Wolfratshausen und zur Gemeinde Kochel am See. Der See ist einer der ältesten in Deutschland, wurde er doch während der Eiszeit vom Isar-Loisach-Gletscher geprägt. Er bildet mit seinen Uferstreifen ein Landschaftsschutzgebiet. Die einzige Insel im See, Sassau, steht unter Naturschutz, und ihr Betreten ist ausdrücklich verboten. Das Seeufer ist kaum bebaut und besteht aus Steilufern und Badestrandabschnitten; das sehr steile nordwestliche Felsenufer weist Lagerungen von unterschiedlichen Gesteinsschichten auf. Der Ort Walchensee direkt am Ufer des Sees ist mit seinen ungefähr 600 Einwohnern der größte Ort in der näheren Umgebung.

Das Besondere am Walchensee ist, dass er einen Abfluss in ein Kraftwerk hat. Um 1900 entstand die Idee eines Kraftwerks zur Stromerzeugung. Seit 1924 dient der See nunmehr als Wasserspeicher für das 200 Meter tiefer gelegene Walchenseekraftwerk in Kochel am See.

Schatzsucher aufgepasst: Im Jahr 1945 wurde ein Teil der letzten Reserven der Deutschen Reichsbank zu einer Siedlung am Südufer des Walchensees gebracht und im Anschluss an einen unbekannten Ort auf dem Steinriegel (917 m) vergraben. Als diese versteckten Reserven an die Alliierten übergeben wurden, fehlten allerdings

Der bei Tauchern beliebe Walchensee verbirgt unglaubliche Schätze. Bei Tauchgängen können sie ganz aus der Nähe betrachtet werden.

ERLEBNISTIPP

Ein weiteres Natur- und Wassererlebnis ist nördlich des Walchensees zu finden. Auf über 16 km Länge erstreckt sich die **Wildflusslandschaft Isartal**, wo sich der Fluss von unterschiedlichen Seiten zeigt: Es gibt Haupt- und Nebenarme, Altwässer und Kiesbänke. Der unterschiedliche Wasserstand und auch das gelegentliche Hochwasser verändern die Landschaft alljährlich. So ist diese Flussstrecke zusammen mit ihrer angrenzenden Auenlandschaft im ständigen Wandel.

100 Goldbarren, einige Schweizer Franken und mehrere Dollarnoten. Sind die fehlenden Reserven noch vergraben geblieben? Noch immer wird über die Existenz und Lage des vergrabenen Schatzes spekuliert. Schatzsucher können sich auf dem Steinriegel auf die Suche machen.

Weitere Schätze verbirgt der See unter seiner Oberfläche, weshalb er auch ein sehr beliebtes Ziel für erfahrene Taucher ist. Seine türkisgrüne Färbung verdankt der See einem hohen Anteil an Kalziumkarbonaten. Seine Gewässergüteklasse ist I (unbelastet), und er bietet eine Sichttiefe von acht bis zehn Metern. Die Wassertemperaturen sind allerdings niedrig: Sie liegen im Sommer bei 17–22 °C und im Frühjahr und Herbst bei 10–16 °C. Die Tiefe des Sees von 190 Metern darf nicht unterschätzt werden – nur sehr erfahrene Taucher sollten sich weiter nach unten wagen!

Im 367 Meter langen See wurden verschiedene Fischarten angesiedelt. Mit den bereits vorhandenen Arten weist der Walchensee mittlerweile eine sehr hohe Anzahl von Fischarten auf. Auch bedrohte Arten, wie der Wels oder der Perlfisch, sind hier beheimatet. Weitere Fischarten, die den

Die Schätze liegen nicht nur am Grund des Sees. Auch in der Umgebung können sich Abenteurer auf eine aufregende Schatzsuche begeben.

Tauchern begegnen könnten sind: Aal, Hecht, Rotauge, Spiegelkarpfen, Kappe, Barsch, Zander und Seeforelle. Zudem wurden andere Tiere angesiedelt, wie z. B. der Edelkrebs, der man aus dem Eibsee hierher umsiedelte.

Magische Anziehungspunkte für Taucher sind jedoch nicht nur die verschiedenen Fischarten im Walchensee, sondern auch die Wracks, die am Grund des Sees liegen, wie z. B. zwei Flugzeuge aus dem Zweiten Weltkrieg. Die Besatzung wird teilweise noch bis heute vermisst. Zwei weitere Wracks, die Taucher besichtigen können, sind Oldtimer: ein auf der Seite liegender Ford in 35 Metern Tiefe und ein alter VW-Käfer in 15 Metern Tiefe. Dazu startet man am Tauchplatz Steilwand-Galerie. Wer in Urfeld, im Norden des Sees ins Wasser geht, dem erscheint eine weitere Galerie, erstellt von einem unbekannten Taucher. Dieser baute die Galerie mit gefundenen Gegenständen auf: Zunächst ist ein gesunkenes Ruderboot mit leeren Flaschen und Keramikbehältern zu sehen, danach folgen Bretter, Zaunteile und jede Menge Schuhe. Alle Gegenstände wurden sorgfältig aufgereiht und aufgestellt. Diese etwas andere Galerie soll aufzeigen, wie viele Spuren der Mensch in der Natur hinterlässt.

In der Umgebung des Walchensees gibt es verschiedene Tauchanbieter. Bevor der See auf eigene Faust betreten wird, sollte unbedingt ein erfahrener Walchensee-Taucher um Informationen und Unterstützung gebeten werden – die Gefahr für Tauchunfälle wurde in der Vergangenheit immer wieder unterschätzt. Für eine ausreichende Vorbereitung muss unbedingt gesorgt werden!

Spektakuläre Erlebniswelten

Die Schilder dieser Welt

IM FRÄNKISCHEN FERNWEH-PARK

Der Fernweh-Park in Oberkotzau ist im oberfränkischen Landkreis Hof zu finden. Der Park zeigt Schilder aus aller Welt und ist jederzeit öffentlich zugänglich. Zunächst war der Fernwehpark im benachbarten Hof zu sehen, wurde jedoch im Jahr 2017 abgebaut und in Oberkotzau neu errichtet.

Der Filmemacher Klaus Beer drehte im Jahr 1999 einen Film über Kanada. Während der Dreharbeiten wurde er dabei auf den »Sign Post Forest« aufmerksam: Dieser Schilderpark beinhaltet rund 100 000 Schilder. Er war so begeistert von der Gestaltung, dass er auf die Idee kam, einen solchen Park auch in Deutschland zu eröffnen. Am 09. November 1999, zehn Jahre nach dem Mauerfall, war es dann so weit: Der Park konnte in Hof eingeweiht werden. Das Datum war bewusst so gewählt, denn die außergewöhnliche Galerie symbolisiert grenzenlose Freiheit und Völkerverständigung.

Das MDR-Fernsehteam der Sendung »Außenseiter Spitzenreiter« brachte die ersten Schilder für den Fernweh-Park mit, u. a. ein Logo ihrer Sendung. Klaus Beer steuerte ein Route-66-Schild bei, und über Jahre hinweg vergrößerte sich der Schilderpark immer weiter und wuchs auf 800 Quadratmeter Fläche mit 4000 Schildern an.

Aufgrund von Unstimmigkeiten wurde der polarisierende Fernwehpark 2017 dann abgebaut und in Oberkotzau eingelagert. Im Jahr 2018 traf man die Entscheidung, die

ERLEBNISTIPP

Ungefähr 10 Autominuten trennen den Fernweh-Park vom **Museum für Comic und Sprachkunst** im Erika-Fuchs-Haus in Schwarzenbach an der Saale, wo die Welt des Comics in einer Dauerausstellung präsentiert wird. Wechselnde Sonderausstellungen, wie z. B. »Die Donald Duck Show«, zeigen spezielle Themen und Künstler. Das Museum ist von Di–So von 10–18 Uhr geöffnet.

In Oberkotzau haben Schilder aus aller Welt ihr Zuhause gefunden. Sie lassen nicht nur die Herzen von Weltenbummlern höherschlagen.

Dance Performance
MOTORWAY
HIMIKERA AVE
KORARI ST
SH 6 COAST RD
Auckland
TARANAKI ST
Christchurch
AUCKLAND NEW ZEALAND
أبو ظبي ABU DHAB
UNITED ARAB EMIRATES
BK828
DUBAI
UAE
BK 2010

AYERS ROCK
next
15km
LIMITED ACCESS ROAD
NO ACCESS CONSTRUCTION
WITHOUT APPROVAL
QUEENSLAND TRANSPORT ENQUIRIES
CAIRNS DISTRICT OFFICE
LORIDAN DR
DILLON ST
Ayers Rock (Uluru) 8 km
Olgas 30 km
Desert Gardens Hotel Yulara 59 km
National 20
Sydney 1298 km
Stuart Highway
w Orleans 19 Miles
BRISBANE
Queensland
SYDNEY
CITY LIMIT
Alice Springs
MOAB
CLEARFIELD, UTAH
LAS VEGAS
MAIN
BRANSON
ALBUQUERQUE NM
Hopkinsville, Ky.
ROUTE 66
RKTOWN VIRGINIA
NORTHAM
WEST
50
TILMANN WALDTHALER
LATRIELLE
THE STRAND
SAVANNAH WAY
AUSTRALIEN
Coober Pedy
- Home of the opal Mines -
JASPER ST
LORIDAN
WILLS ST.
BELLBIRD ST
DUNGARVAN DR
SIMPSON ST
MAIHERSON DR
BRISBANE ST
CAIRNS
the heart of Tropical North Queensland Australia
20

Herzlich Willkommen · Welcome · Bienvenue
Fernweh-Park
Signs of Fame
www.fernweh-park.de
ESCALANTE
Utah
CANADA TREFF
NEW YORK
City limits
Sunset Blvd
Los Angeles
CITY LIMITS
WARNUNG
VIDEO-ÜBERWACHUNG

Schilder in Oberkotzau wieder aufzustellen, und zwar am Summa-Park. Anliegend wurde ein Amphitheater für Veranstaltungen errichtet. Für die Pflege und den Ausbau ist der Fernweh-Park-Verein zuständig, der die Organisation und Planung von neuen Projekten, Neueröffnungen und Aufbauten übernimmt. Hier steht der Sinn des Parks im Vordergrund: Das völkerverbindende Friedensprojekt ist eine Herzensangelegenheit, das gegen Antisemitismus und Rassismus, und für Umwelt- und Klimaschutz sosowie Toleranz und Demokratie steht.

Zu den bestehenden Schildern wurden Star-Schilder und Handabdrücke von Prominenten mit in den Fernweh-Park aufgenommen. Die rund 550 Prominenten unterstützen das Projekt im Zeichen des Friedens mit ihren Handabdrücken. Die Star-Schilder und Handabdrücke sind an den »Walk of Fame« in Hollywood angelehnt. In die »Signs of Fame« wurden bereits Berühmtheiten wie Arnold Schwarzenegger, Chris Norman, Mario Barth oder Bülent Ceylan aufgenommen. Diese Aufnahme erfolgt auf Initiative von Klaus Beer und seinem Fernweh-Park-Team, das stets darum bemüht ist, den Park noch größer und außergewöhnlicher zu machen. Die Sterne befinden sich im Amphitheater, vor dem Eingang des Fernweh-Parks. Sie sind

In Oberkotzen (o.) wurden schon einige Prominente begrüßt, die das Projekt unterstützen. Auch das längste Ortsschild Europas ist hier zu finden (r.).

zeitlich sortiert. Sarah Connor erhielt ihren Stern im Jahr 2005. Es folgten James Last (2006), Pierre Brice (2007), Heino (2007), Karlheinz Böhm (2009), Hans Diedrich Genscher (2009) sowie Henry Maske, Peter Maffay und Reiner Meutsch. Die Star-Schilder sind nach dem Eingang auf der rechten Seite zu finden. Es gibt viele ganz unterschiedliche Prominente zu entdecken, und die Unterstützung des Projekts wird dabei sehr deutlich.

Neben den Sternen und Star-Schildern findet man noch weitere Themenbereiche. Es gibt kuriose und lustige Ortsnamen wie Kneipe, Pups und Kaffeekanne, eine großartige USA-Themenecke, das mit 18 Metern längste Ortsschild Europas zu sehen und Schilder aus aller Welt zu entdecken: Australien, Asien, Europa, Süd- und Nordamerika – alle Kontinente sind hier vertreten. Von Nummernschildern bis hin zu Ortsschildern ist alles dabei. Der Gang durch die aufgereihten Schilder fasziniert, ist doch die Atmosphäre der Verbundenheit spürbar – und das Fernweh wird mit jedem Schild stärker.

Der Parkplatz direkt vor dem Fernweh-Park, neben dem Amphitheater, ist kostenfrei und jederzeit zugänglich. Der Park wird videoüberwacht. Der Fernweh-Park ist ein Teilbereich des Summa-Parks: Auf der ehemaligen Industriebrache entstand eine schön gestaltete Grünanlage mit zahlreichen Freizeitmöglichkeiten sowie einem Wohnmobilstellplatz. Als Friedensprojekte angelegt, sollen die Parkanlagen zukünftig alle Generationen zusammenführen.

Der Stolz von Bischofsgrün

ZUM RIESENSCHNEEMANN JAKOB

Das charmante Städtchen Bischofsgrün in Oberfranken im Landkreis Bayreuth lässt sich bereits bis ins 13. Jahrhundert zurückdatieren – schon um 1204 soll an der Stelle der heutigen Matthäuskirche ein Gotteshaus gestanden haben. Ein Großbrand verwüstete jedoch im Mai 1612 die Ortschaft und zerstörte die Kirche. Wieder aufgebaut, riss man sie im Jahr 1699 wieder ab und ersetzte den Bau durch die bis heute erhaltene Matthäuskirche. Auf deren Vorplatz ist bis dato nicht nur der Maibaum zu finden, sondern eine wahre Kuriosität: der vermutlich größte Schneemann der Welt mit Namen Jakob.

Horst Heidenreich ist heute 87 Jahre alt und noch immer wohnhaft in Bischofsgrün. Einst war er Skilehrer der Gemeinde, und als er im Dezember 1985 nur wenig zu tun hatte, entstand aus einer Bierlaune heraus die Idee, einen Schneemann zu bauen. Drei Meter groß war der erste Schneemann, der von Dezember 1985 bis Januar 1986 auf dem Platz von Bischofsgrün stand. Eine Tradition war geboren, denn seitdem steht Riesenschneemann Jakob jedes Jahr auf dem Marktplatz. Und noch heute ist Horst Heidenreich mit Begeisterung dabei, wenn der Schneemann gebaut wird. Insgesamt helfen zehn bis zwölf ehrenamtliche Helfer bei dem Bau von Jakob mit, u. a. auch der Sohn von Horst, Berndt Heidenreich. Die Gemeinschaft und die Freude an der Sache stehen dabei im Vordergrund.

2025 wird der Schneemann sein 40-jähriges Jubiläum feiern. Mit Ausnahme des Jahres 2021 wurde der Schneemann jedes Jahr stolz präsentiert, und 2015 hatte Jakob sogar eine stolze Größe von 12,65 Metern – Rekord!

ERLEBNISTIPP

Das **Freilandmuseum Grassemann** nördlich von Bischofsgrün kann mit einer einstündigen Wanderung entdeckt werden (oder 10 Min. Autofahrt). Hier steht u. a. das Schwärzer-Haus, ein typischer einstöckiger Holzbau des 17. Jh., das besichtigt werden kann. Neben einer Ausstellung in der Scheune gibt es im Außenbereich noch 17 Stationen eines Wanderwegs, die Kulturlandschaftselemente zeigen und über die Geschichte der Umgebung informieren.

Aber wieso heißt Jakob eigentlich Jakob? Dies hat keinen besonderen Hintergrund. 1989 wurde der amtierende Bürgermeister Franz Sieber gefragt, wie denn der Riesenschneemann heiße. Bis zu diesem Tag war er noch namenlos. Der Bürgermeister antwortete spontan mit Jakob, und dabei blieb es.

Seit den 1990er-Jahren wird Jakob immer am Freitag vor Rosenmontag aufgebaut, da an diesem Tag das Schneemannfest in Bischofsgrün gefeiert wird. Dort stand er bisher dann für drei Tage, eine Woche oder auch mal für vier Wochen, je nachdem, wie die Wetterlage es zuließ. 2023 ist Jakob allerdings sehr schnell geschmolzen, das warme Klima ließ keinen längeren Stand zu. Die Enttäuschung war groß, doch die Zuversicht auf das Folgejahr weckte wieder die Vorfreude. Allerdings wurden die Einwohner von Bischofsgrün erneut enttäuscht: 2024 gab es gar keinen Schnee. Um die Tradition nicht einbrechen zu lassen, entwickelten die Bischofsgrüner eine hervorragende Idee: Sollte es mal keinen Schnee geben, wird der Schneemann einfach aus Heu errichtet – als Heuschneemann! Die Tradition lebt also nunmehr unabhängig vom Wetter weiter.

Riesenschneemann Jakob hat in Bischofsgrün sein Zuhause gefunden. Ob aus Schnee oder Heu, er ist jährlich auf dem Marktplatz zu bewundern.

Der Henker der Lochgefängnisse

FINEST ESCAPE ROOMS NÜRNBERG

Wer auf der Suche nach einem extremen Nervenkitzel ist und keine Scheu vor dem Ungewissen hat, ist hier genau richtig. Der Finest Escape Room Nürnberg bietet ein grandioses Erlebnis – definitiv nichts für schwache Nerven, erhöhte Herzrate garantiert. Im Jahr 2018 eröffnet, startete pünktlich zu Halloween das wohl aufregendste Erlebnis in Nürnberg und Umgebung mit vier Räumen: »Sherlock Holmes – Baker Street 221B«, »Steampunk Puppenspieler«, »Das Geheimnis der toten Mönche« und »Der Henker der Lochgefängnisse«. Mittlerweile gibt es noch weitere Abenteuer wie »Das Abenteuer des Halblings«, »Die Rückkehr des dunklen Lords« und »Die Legenden der Zauberakademie«. Einen zweiten Standort der Finest Escape Rooms gibt es um Übrigen in Bamberg; dort können »Tomb Hunter«, »Prison Break« und »Die Wunderlampe« von Mutigen gespielt werden.

Etwas, das den Finest Escape Room Nürnberg von den meisten anderen unterscheidet, sind die Darsteller: Ihre Kostüme und Darbietungen garantieren eine Extraportion Spaß und Spannung. Besonders empfehlenswert ist der Escape Room »Der Henker der Lochgefängnisse«. In diesem Escape Game befinden sich die Spieler in einem Verließ der dunklen Mächte. Zu Beginn lässt der Wächter die Gefangenen allein, um den Henker zu holen. Es bleibt eine Stunde Zeit, bis die geheime Bruderschaft mit den uralten Ritualen der Menschenopferung beginnen will. Diese Opferung wird seit Generationen fortgeführt, und dieses Mal sollen die Zurückgelassenen geopfert werden. Das Spiel gegen die Zeit beginnt. Gelingt die Flucht oder gibt es weitere Personen, die dem Henker zum Opfer fallen? Insgesamt stehen schon 361 Hingerichtete

ERLEBNISTIPP

Wer nach dem spielerischen Erlebnis noch die echten **Lochgefängnisse** erkunden will, sollte eine mittelalterliche Kerkerführung unternehmen. Die Museen der Stadt Nürnberg bieten die Möglichkeit, die ehemaligen Lochgefängnisse zu besichtigen. Die Gefängnisse, in denen so manches Schicksal besiegelt wurde, sind in den Kellergewölben des Alten Rathauses und nahe dem Nürnberger Hauptmarkt zu finden.

Das wunderbar gestaltete und ausgeführte Escape Game »Der Henker« gibt einen realitätsnahen Einblick in das Leben von Franz Schmidt. Wer traut sich?

auf dem Zettel des Henkers Franz Schmidt. Kommen noch weitere dazu?

Die Geschichte hat einen realen Ursprung: Franz Schmidt wurde 1555 in Hof geboren. Als Sohn eines Scharfrichters war es ihm vorbestimmt, ebenfalls diesen Beruf zu erlernen und auszuüben. Seine 40-jährige Amtszeit begann 1578 in Bamberg, später arbeitete er in Nürnberg weiter. Als besonders brutal und unbekümmert geltend, vollzog er 361 Hinrichtungen und 345 Leibstrafen. Seine Foltermethoden für verurteilte Straftäter waren u. a. das Auspeitschen oder das Finger- und Ohrenabhacken. Die Hinrichtungen führte er je nach Intensität der Straftat durch – zu den Hinrichtungsmethoden zählten Ertränken, Erdrosseln, Rädern oder mit dem Schwert den Kopf abschlagen. Franz Schmidt führte ein detailliertes Tagebuch über seine Bestrafungen und verzeichnete in seinen Aufzeichnungen sowohl die Daten als auch die Orte und die Bestrafungsmethoden sowie Namen, Herkünfte, Stände und die vorliegenden Verbrechen der Straftäter. Mit seiner Frau Maria bekam er sieben Kinder. Nach seiner Amtszeit tat er alles dafür, um die Ehre der Familie wiederherzustellen, was ihm letztendlich auch gelang. Im Jahr 1634 verstorben, fand Franz auf dem Rochusfriedhof in Nürnberg seine letzte Ruhe.

Schwebend durch die Baumkronen

ÜBER DEN SKYWALK ALLGÄU

Der skywalk allgäu ist in der Waldwelt Allgäu zu finden, einem im Jahr 2010 eröffneten Naturerlebnispark in Oberschwenden bei Scheidegg im Westallgäu, in der Nähe der österreichischen Grenze, 20 Minuten vom Bodensee entfernt. Es gibt verschiedene Fußwege von Scheidegg und von Österreich her, die von den Besuchern genutzt werden können. Außerdem befindet sich ein großer gebührenpflichtiger Parkplatz in der Nähe des Eingangs. Das Gelände des Parks umfasst 60 000 Quadratmeter und hat jede Menge zu bieten – rund 186 000 glückliche Besucher im Jahr hat der Park zu verzeichnen.

Zwei Naturerlebnispfade (ein Kilometer bzw. 300 Meter Länge), ein Barfußpfad (90 Meter lang), ein Abenteuerspielplatz und ein Wasserspielplatz bieten Spannung, Spiel und Spaß. Zu entdecken gibt es z. B.: Insektenhotel, Baumtelefon, Naturerlebnisgarten, Vogelstimmenstation, Kugelbahn, Baumhaus oder Zapfenschleuder. Der Naturerlebnisgarten zeigt Wissenswertes über Honig- und Wildbienen. Im Streichelzoo sind Kamerunschafe zu finden. Entspannungsliegen und Picknickmöglichkeiten laden zum Relaxen ein. Ein Restaurant bietet hervorragende Speisen und eine große Auswahl an Getränken; Besucher lassen sich hier gern den Kaiserschmarrn oder die Spätzle mit einem kühlen Bier in einer herrlichen Atmosphäre schmecken. Das Park-Programm bietet zudem im Lauf des Jahres einen skywalk-Lauf, Musikveranstaltungen, eine Sternwanderung und die Waldweihnacht.

Am Waldeingang befindet sich ein Turm, zu dem offene Treppen hinaufführen. Von der ersten Plattform aus kann der Baumwipfelpfad in zwei Richtungen begangen werden: Zu der einen Seite erreicht man einen Netztunnel, der zu einer 30 Meter langen Röhrenrutsche führt. Am Ende der anderen Seite kann der skywalk allgäu über eine Treppe verlassen werden. Der Baumwipfelpfad verläuft in 25 Metern Höhe und über eine Länge von 540 Metern durch die Baumkronen des Parks. Hier findet man 34 unterschiedlichen Baumarten. Die Aussicht von hier oben ist natürlich grandios: Der Blick schweift über den Bodensee und das westliche Allgäu bis hinüber zu den Alpen.

Hier kann ein Spaziergang der ganz anderen Art erlebt werden. 25 Meter über dem Boden bietet sich ein atemberaubender Ausblick auf die Umgebung.

Der skywalk allgäu ist barrierefrei ausgebaut. Ein gläserner Aufzug befördert Abenteuerlustige hinauf zur Aussichtsplattform 40 Meter über dem Boden – so können Personen mit körperlichen Einschränkungen sowie Kleinkinder in Kinderwägen ebenfalls dieses wunderbare Erlebnis genießen.

INFO *Der Park ist ganzjährig geöffnet. Von März bis November ist die Waldwelt Allgäu täglich von 10–18 Uhr zugänglich. Allerdings ist zu beachten, dass der Baumwipfelpfad je nach Wetterlage geschlossen sein kann.*

ERLEBNISTIPP

Wer nach dem skywalk allgäu eine Abkühlung sucht, ist im **Alpenfreibad Scheidegg** genau richtig: Das wunderschön angelegte und gestaltete Bad bietet die perfekte Gelegenheit zum Durchatmen. Die Wiesen laden zum Relaxen ein, die Wasserbecken zum Spaß und zur Erfrischung. Und das Freibad hat noch ein ganz besonderes Highlight zu bieten: Besucher genießen einen grandiosen Blick auf die Alpen, denn hier zeigt sich das Bergpanorama von seiner schönen Seite.

Verdrehte Welt

WALDWIPFELWEG UND HAUS AM KOPF

Der Waldwipfelweg ist ein riesiges Highlight in Sankt Englmar im Landkreis Straubing-Bogen im Bayerischen Wald und absolut sehenswert. In 30 Metern Höhe geht es über Holzwege durch den wunderschönen Wald. Dabei schweift der Blick weit übers Land. Der Weg ist ungefähr 2,5 Meter breit, barrierefrei zugänglich und somit auch für Kinderwagen und Rollstühle gut geeignet.

Über den Waldwipfelweg gelangen die Besucher zum Waldturm. Dort geht es bis zu 52 Meter in die Höhe. Von der Aussichtsplattform bietet sich eine noch schönere Rundumsicht über die Umgebung: auf den Bayerischen Wald und das Donautal bis hin zu den Alpen. Im Waldturm selbst sind viele Kletterelemente eingebaut. Und für alle, die sich auf den direkten Weg nach unten trauen, gibt es die Möglichkeit, die rasanten Röhrenrutschen zu nutzen – diese Abfahrt ist definitiv nichts für schwache Nerven. Ein weiterer Adrenalinkick ist das Kletternetz, das einen komplett freien Blick in ungefähr 50 Meter Tiefe zulässt.

Wer seinen Herzschlag nach dem Waldturm wieder beruhigen möchte, kann den Naturerlebnispfad erwandern, der auf zwei Kilometern durch den Wald führt und 25 Mitmachstationen zum Erleben, Lernen und Begreifen bietet. Weitere Erlebnismöglichkeiten sind die Kletterwand und der Seilgarten, ein kleiner Streichelzoo, der Pfad der optischen Phänomene, die Höhle der Illusion, der Indoorspielplatz, der Rechenweg, das Kugelhaus, der Abenteuerspielplatz und das Haus am Kopf. Die neuste Attraktion ist der »Bayerwald Flieger«, ein echter Airbus, der vom Waldwipfelweg zugänglich ist.

Das schon erwähnte Haus am Kopf ist eine weitere grandiose Attraktion des

ERLEBNISTIPP

Nur 2 Min. Fahrtweg vom Parkplatz am Waldwipfelweg entfernt gibt es ein weiteres Freizeitland: **D'Rodelbahn St. Englmar.** Auf 75 000 m^2 erstreckt sich ein Freizeitparadies mit über 30 Attraktionen. Von Spielmöglichkeiten über Sommerrodelbahnen bis zu Fahrgeschäften ist alles dabei: u. a. Bumper-Boote, Biber-Karussell, Bayerwald-Bob, Abenteuergolf, Bungee-Trampolin, Wasserspielplatz, Tretwagerlbahn, Wasserreifenrutsche und die längste Achterbahn Bayerns »Da voglwuide Sepp«.

Parks. Wie der Name besagt, steht dieses Haus auf seinem Dach und bringt die Besucher ordentlich durcheinander. Und das sogar schon vor dem Betreten des Hauses: In der Garage vor dem Hauseingang steht zwar ein Auto, aber vielleicht sollte man besser sagen: Es hängt an der Decke, denn schon hier steht alles auf dem Kopf. Durch die Eingangstür geht es dann in eine außergewöhnliche Welt: Es steht nichts auf dem Boden, alles befindet sich über den Köpfen – von der Toilette, dem Waschbecken, dem Bett und der Couch bis zu den Sesseln hängen alle Einrichtungsgegenstände an der Decke. Sogar das Hähnchen im Backofen steht auf dem Kopf! Zu entdecken gibt es ein komplett eingerichtetes Haus mit Kinderzimmer, Badezimmer, Ess- und Wohnzimmer, Küche und mehreren Schlafzimmern. Die Räume sind individuell gestaltet und bieten den Besuchern die Gelegenheit für außergewöhnliche, verrückte Fotos. Auf zwei Etagen kann das verdrehte Haus erkundet werden. Aber Vorsicht, die Orientierung könnte zwischendurch verloren gehen – alles steht Kopf, Spaß und Lachen garantiert.

Das Haus am Kopf gibt einen spannenden Einblick in eine verdrehte Welt. Hier wird eine komplett andere Perspektive eingenommen.

INFO *Geöffnet ist das Haus für Groß und Klein, allerdings erst ab 3 Jahre. Achtung, es besteht Schwindelgefahr! Der Eintritt zum Haus am Kopf ist nur über den Waldwipfelweg möglich (zusätzliche Kosten). Der Waldwipfelweg selbst ist ganzjährig geöffnet: Februar und März 9–17 Uhr, April bis September 9–19 Uhr, Oktober 9–18 Uhr, November bis Januar 9–16 Uhr. Ein großer kostenfreier Parkplatz ist direkt am Waldwipfelweg zu finden.*

In luftiger Höhe über Garmisch

AUSSICHTSPLATTFORM ALPSPIX

Die wunderschöne Bergwelt rund um Garmisch-Partenkirchen begeistert sowohl Touristen als auch Einheimische und lässt die Herzen von Wanderern und Skifahrern höherschlagen. Das Gebiet Garmisch Classic lockt Besucher aus aller Welt nach Bayern. Dazu zählen die Berge Alpspitze, Kreuzeck und Hausberg. Es ist ein ausgezeichnetes Wander-, Kletter- und Skigebiet. Hobby- und Profisportler kommen hier voll auf ihre Kosten. Mit rund 40 Pistenkilometern, zahlreichen Wanderwegen, spannenden Erlebnispfaden und anspruchsvollen Klettersteigen bietet Garmisch Classic Erlebnisse und Aktivitäten für alle Altersgruppen. Die berühmte Kandahar-Abfahrt und das Ixis-Kinderland sind hier zu finden, und ab den Bergstationen von Kreuzeck-, Alpspitz-, Hochalm- und Hausbergbahn kann die Umgebung wunderbar erkundet werden.

Schon die Anfahrt nach Grainau ist vielversprechend. Der Parkplatz Kreuzeck-Alpspitzbahn bietet sich hervorragend als Startpunkt für einen grandiosen Tag an: Tickets kaufen, anstellen und auf die Großraumgondel warten. Mit der Alpspitzbahn geht es dann nach oben in die Berge. Es fahren zwei Gondeln im zehnminütigen Abstand hinauf zur Bergstation auf 2050 Metern Höhe. Eine Fahrt dauert neun Minuten. Von der Gondel bietet sich ein wunderbarer Blick auf die Landschaft vor den Fenstern, zu den Bergen und in die Tiefe. In der geräumigen Gondel finden bis zu 80 Personen Platz. Skibegeisterte und Wanderer nutzen das Angebot für die Auffahrt (während des

ERLEBNISTIPP

Ebenfalls in Grainau ist ein ganz besonderes Naturerlebnis zu entdecken: die **Höllentalklamm.** Dort hat sich der Hammersbach tief ins Hochgebirge eingeschnitten und ist umgeben von bis zu 150 Meter hohen Felswänden. Die Wege verlaufen gelegentlich durch Tunnel und lassen den tosenden Fluss noch einmal ganz anders wirken. Der weitere Weg führt bis zur Talsohle, wo die Höllentalangerhütte steht. Von dort können erfahrene Bergsteiger die Zugspitze erklimmen.

Die Aussichtsplattform AlpspiX bietet nicht nur einen grandiosen Ausblick auf die Alpen, sondern auch einen atemberaubenden Blick 1000 m in die Tiefe.

Skibetriebs sind die Wandergebiete allerdings geschlossen).

An der Bergstation angekommen, erwartet die Besucher ein noch schöneres und einzigartiges Bergpanorama mit atemberaubender Kulisse. Die Bergstation selbst bietet ein Restaurant und eine Sonnenterrasse zum Entspannen, Verweilen und zur Einkehr an – für das leibliche Wohl ist also mehr als ausreichend gesorgt. Besucher können es nun bei einem kurzen Aufenthalt hier oben belassen und dann wieder die Alpspitzbahn zurück ins Tal nehmen, oder sie genießen und erkunden die Umgebung noch ein wenig mehr. Dazu bieten sich verschiedene Möglichkeiten an. In der Winterzeit sind dies Schlepplifte und die Hochalmbahn, und Skistrecken können zur Abfahrt genutzt werden. In den Sommermonaten bieten sich eine Vielzahl von Wanderwegen durch die Bergwelt an: Der Genuss-Erlebnisweg ist wohl die beliebteste Strecke – der drei Kilometer lange leichte Wanderweg führt hinunter zur Bergstation Kreuzeckbahn. Verschiedene Stationen laden unterwegs zum Mitmachen, Schaukelelemente und Relaxliegen zum Entspannen ein.

Das absolute Highlight der Umgebung ist ebenfalls an der Bergstation der Alpspitzbahn zu finden und von dort in nur wenigen Minuten und über ein paar Treppenstufen zu erreichen: die Aussichtsplattform AlpspiX in 2050 Metern Höhe am Osterfelderkopf, die im Juli 2010 eröffnet wurde und frei zugänglich ist (Hinweisschilder). Die Platt-

Die Umgebung von Garmisch-Partenkirchen (o.) hat zahlreiche Attraktionen wie die Höllentalklamm (o.r.) und den Osterfelderkopf (u.r.) zu bieten.

form besteht aus zwei 25 Meter langen überkreuzten Stegen mit Stahlgittern als Böden und einer Glasfront am Ende. 13 Meter ragt die Konstruktion ins Freie hinaus, und bei einem Gang darüber fällt der Blick bis zu 1000 Meter in die Tiefe – nichts für schwache Nerven oder Höhenangst. Wer es doch wagt, den AlpspiX zu betreten, dem ist (bei gutem Wetter) eine gewaltige Aussicht garantiert – der Blick auf die Waxensteine, die Alpspitz-Nordwand und die Zugspitze wird zum unvergesslichen Erlebnis.

INFO *Öffnungszeiten Alpspitzbahn: November bis Februar 8.30–16.30 Uhr, März bis April 8.30–16.45 Uhr, Mai bis Juni 8.30–17 Uhr, Juli bis September 8–17.30 Uhr, Oktober 8.30–17 Uhr. Parkmöglichkeiten finden sich an der Talstation der Alpspitzbahn.*

Riesen-Minigolf vor Alpenkulisse

SAMERBERGER BAUERNGOLF

In Samerberg erwartet die Besucher ein ganz besonderes Golferlebnis: Auf einer Kuhweide kann das sogenannte Bauerngolf gespielt werden, eine ungewöhnliche Aktivität, die Groß und Klein begeistert und jede Menge Spaß garantiert. Gespielt wird in Gruppen von zwei bis sechs Spielern. Der Golfball hat in etwa die Größe eines Handballs und besteht aus Leder. Um diesen Lederball zu schlagen und in die »Holes« zu befördern, wird ein Besenstiel mit einem daran angebrachten kleinen Holzschuh genutzt. Die Spieler können sich die Schläger, den Ball und bei Bedarf auch einen Leiterwagen ausleihen.

Gespielt wird auf einer Kuhweide, von der sich eine eindrucksvolle Aussicht auf die Umgebung und die Berge bietet. Die Weide am Dorfrand von Grainbach ist üppig grün und zum Teil von Obstbäumen gesäumt. Als Löcher werden Eimer genutzt, die in die Wiese eingelassen wurden. Auf der Kuhweide finden Besucher zehn dieser »Holes«. Die Bauerngolf-Bahnen selbst sind unterschiedlich gestaltet: Sie bestehen aus Hindernissen, Strohballen, Rohren und Reifen. Die Löcher sind mit roten Fahnen versehen. Das Team, das am wenigsten Schläge benötigt, hat das Spiel gewonnen.

Das Spiel auf der 340 x 100 Meter großen Kuhweide dauert in der Regel eineinhalb bis zwei Stunden. Wer die wunderschöne Kulisse nach dem Spiel noch weiter genießen möchte oder gegebenenfalls Erholung nach einer Niederlage benötigt, dem bietet sich die Bauerngolfhütte direkt bei der Kuhweide an: Hier gibt es Kaffee,

Samerberg hat ein außergewöhnliches Golferlebnis zu bieten. Mit Blick auf die Berge kann hier, auf einer Kuhweide, Riesen-Minigolf gespielt werden.

Softdrinks und alkoholische Getränke sowie kleine Speisen wie Kuchen, Brotzeiten oder Eis. Für den größeren Hunger sind in unmittelbarer Umgebung Restaurants und Wirtshäuser zu finden.

Die etwas andere Freizeitaktivität nehmen unterschiedliche Gruppen an. Es gibt Geburtstage, die gefeiert werden, Schulausflüge, die veranstaltet werden, oder es kommen Vereine, die dieses Event für einen Gruppenausflug nutzen. Auf spielerische Art und Weise wird Geschicklichkeit geübt und der Gruppenzusammenhalt gestärkt.

INFO *Gespielt werden kann von April bis Oktober von 11–20 Uhr (Di Ruhetag). Das Spiel ist für Kinder ab 4 Jahren geeignet.*

ERLEBNISTIPP

Die Umgebung von Samerberg bietet eine Vielzahl an Wanderwegen. Hochries, Laubenstein oder die Ellandalm sind beliebte Wanderziele. Wer Ruhe sucht, sollte den Weg zum **Wasserfall Schoßrinn** nehmen; vom Wanderparkplatz sind es ungefähr 15 Min. durch den Wald bis zum Ziel. Mit Blick auf den 90 m hohen Wasserfall bietet der »Frauenkraftplatz« die Gelegenheit zum Durchatmen und Krafttanken.

Freizeitpark der *anderen Art*

DER MONTE KAOLINO

Entstanden ist der 120 Meter hohe Monte Kaolino in der Nähe des malerischen Städtchens Hirschau durch die Aufschüttung von feinem Quarzsand, der beim Abbau der örtlichen Kaolinvorkommen als Nebenprodukt anfällt – insgesamt lagern hier 32 Millionen Tonnen blendend weißer Quarzsand, vom Bayerischen Landesamt für Umwelt als Geotop ausgezeichnet.

Schon in den 1950er-Jahren entstand am Südhang des Monte Kaolino ein Freizeitgelände. Im Lauf der Jahrzehnte veränderte sich der Park stark, er wurde vergrößert und neue spannende Attraktionen hinzugefügt. Im Jahr 2007 wurde der außergewöhnliche Freizeitpark in Hirschau vollständig erneuert und lockt seitdem alljährlich zahlreiche Besucher in die Oberpfalz – ob für einen Tagesausflug, ein Wochenende oder einen Urlaub, der Park bietet für alle Wünsche die passenden Angebote. Der Gipfel und die dazugehörige Aussichtsplattform können zu Fuß oder mit der Standseilbahn erreicht werden.

Wie wäre es beispielsweise mit Skifahren im Sommer? Der Monte Kaolino ist einer der höchsten Sandberge in Europa und wird zum Sandboarding genutzt. Die im Jahr 2009 eröffnete Liftanlage bringt alle Abfahrtsbegeisterten auf den 150 Meter hohen Quarzsandberg – hier oben ist die Aussicht grandios, und die folgende 260 Meter lange und etwa 35 Grad steile Sandboarding-Abfahrt bringt viel Spaß. Auf dem besonderen Sandhang werden auch internationale Meisterschaften ausgetragen.

ERLEBNISTIPP

Ebenfalls am Monte Kaolino zu finden: ein außergewöhnlicher **3D Bogenparcours.** Der Waldweg-Parcour bietet eine abwechslungsreiche Erfahrung für Groß und Klein. Auf einer Streckenlänge von ca. 2,7 km kommen Anfänger und Fortgeschrittene auf ihre Kosten. Die Treffsicherheit wird geübt und getestet, indem Pfeile auf Zielscheiben und aufgestellte Tiere (Skulpturen) geschossen werden. Ein Walderlebnis der anderen Art.

Wer hat Lust auf Skifahren und Snowboarden im Sommer? Im Freizeitpark Monte Kaolino ist dieses besondere Erlebnis jederzeit möglich.

Ein weiteres spannendes Erlebnis hier am Gipfel des Monte Kaolinos ist der »Monte Coaster«. Die im Jahr 2008 eröffnete Rodelbahn windet sich um den Berg herum und bietet auf der 800 Meter langen Strecke viele Überraschungen, wie z. B. Wellen oder 180-Grad-Kurven.

Wer nicht in die Höhe hinaus und lieber am Fuß des Monte Kaolinos bleiben will, findet hier u. a. das Dünenbad, das allen Wasserratten viel Abwechslung bietet: Die 50 Meter lange Wasserrutsche, das 70 Quadratmeter große Kinderbecken, das Erlebnisbecken und das 25 Meter lange Schwimmbecken inklusive Sprungbereich laden zum Austoben, Plantschen und Schwimmen ein.

Und auch für »Baum-Akrobaten« ist gesorgt: Der Waldhochseilgarten am Monte Kaolino bietet verschiedene Strecken in unterschiedlichen Schwierigkeitsgraden. Sechs Wege führen über schwankende Balken und Balance-Elemente in bis zu zwölf Metern Höhe zum Ziel. Des Weiteren locken am Monte Kaolino Golfspielen, Segway-Touren, Inlineskaten und Bogenschießen. Parkmöglichkeiten stehen am Freizeitpark zur Verfügung.

Neben dem Freizeitpark findet man hier auch Übernachtungsmöglichkeiten: Der Campingplatz Monte Kaolino, der ebenfalls seit den 1950er-Jahren besteht, erhielt bereits mehrere Auszeichnungen. Auf dem schön angelegten Platz kann man nicht nur campen, sondern auch ein Mobilheim mieten. Dauercamper sind ebenfalls willkommen. In dem unvergleichlichen Dünen-Ambiente werden große und kleine Besucher wohl eine unvergessliche Zeit verbringen.

INFO *Die unterschiedlichen Öffnungszeiten der verschiedenen Aktivitäten sind auf der Internetseite zu finden: montekaolino-hirschau.de/oeffnungszeiten-preise.*

Außergewöhnliche Museen

Ein Leben
OHNE
Brotzeit
aber sinnlos

DACKELMUSEUM

München
OLYMPIA
MÜNCHEN
1972

Geliebtes Maskottchen

DAS DACKELMUSEUM IN REGENSBURG

Das weltweit erste Dackelmuseum ist seit 2023 in der wunderschönen Weltkulturerbe-Stadt Regensburg zu finden. Hier an der Donau, im Südosten von Bayern, haben Oliver Storz und Josef Küblbeck einen ganz besonderen Ort geschaffen: ein Museum, das die weltgrößte Sammlung der beliebten Vierbeiner zeigt.

Schon im Kindesalter lernte Josef Küblbeck Dackeln lieben – ihre Ausstrahlung, ihr Wesen, ihr Blick, ihre Gemütlichkeit und ihre Ausdauer faszinierten ihn. So verwirklichte er sich seinen Traum und wurde stolzer Dackelbesitzer. Bis heute sind Dackel seine treuen Gefährten. Über 25 Jahre lang waren sie Repräsentanten der Passauer Blumenwerkstatt. Zusätzlich zum Blumengeschäft eröffneten die Blumenkünstler Oliver und Josef 2015 einen typisch bayerischen Souvenirladen auf dem Residenzplatz in Passau – besonders beliebt waren die Dackel-Artikel, wie beispielsweise der Wackel-Dackel. So entstand die Idee, das Angebot zu erweitern und dem Dackel eine eigene Ausstellung zu widmen. 2017 eröffnete das Dackelmuseum in Passau, bevor es im Jahr 2023 nach Regensburg umzog und seither dort Besucher aus aller Welt anlockt – mittlerweile haben Menschen aus 150 Nationen dem Dackelmuseum einen Besuch abgestattet.

Der Dackel, auch Dachshund oder Teckel genannt, wird 1582 erstmals erwähnt. Damals war er noch größer und hatte Stehohren. Auch in dem Buch »Der vollkommene teutsche Jäger« aus dem Jahr 1719 werden Hunde beschrieben, deren Eigenschaften typisch für den Dackel sind. 1879

Das liebevoll und außergewöhnlich hergerichtete Dackelmuseum zieht Besucher aus aller Welt an. Ein Must-Do in Regensburg, nicht nur für Dackelfreunde.

ERLEBNISTIPP

Aufgrund der Lage an der Donau entwickelte sich **Regensburg** zum perfekten Ausgangspunkt für den Fernhandel. Ab dem 17. Jh. fand in Regensburg der Immerwährende Reichstag statt, wodurch die Stadt rund 150 Jahre der Mittelpunkt Europas war. Die im Zweiten Weltkrieg verschonte Altstadt, seit 2006 Welterbe, zeigt noch heute die prachtvollen Bauten aus früheren Zeiten. Mit über 1000 Denkmälern ist Regensburg die besterhaltene mittelalterliche Großstadt Deutschlands.

wurde das erste Rassekennzeichen aufgestellt und im Jahr 1888 der 1. Deutsche Teckelclub gegründet. Im 19. Jahrhundert gab es die ersten Variationen des Urdackels; der schwarz-rote Kurzhaardackel ist bis heute am weitesten verbreitet. Mitte des 20. Jahrhunderts zählte der Dachshund zur beliebtesten Hunderasse in Deutschland – 1972 wurden 28 000 Dackelwelpen, und somit die meisten Nachkommen, geboren. Im Lauf der Jahre ging jedoch das Interesse der Deutschen am Dackel zurück, was sich 2005 in Zahlen niederschlug: Nur noch 7000 Welpen kamen hier auf die Welt. Doch Josef Küblbeck verlor sein Interesse an den hübschen Vierbeinern nie – heute ist er stolzer Besitzer von drei Dackeln: Moni, Seppi und Blümchen.

Das Dackelmuseum ist im Besitz von rund 30 000 Exponaten, die in liebevoll gestalteten Vitrinen ausgestellt und erklärt werden. Bilder und Infotexte unterstützen die Wissensvermittlung rund um das Dackel-Thema: Die Wackel-Dackel werden vorgestellt, Herzog Franz von Bayern wird mit seiner Dackeldame gezeigt, der Dackel als Muse von Picasso hat einen Platz bekommen, dem Jagd-Dackel wurde eine Vitrine eingerichtet, und in einem umgestalteten einstigen Kinderladen sind 220 kleine Dackelfiguren aus u. a. Holz, Elfenbein und Gold zu sehen (diese Figuren werden auch mit auf Reisen nach Berlin, Budapest oder Italien genommen). Weitere Ausstellungsinhalte sind der Hot Dog, Waldi, das Maskottchen der Olympischen Spiele, der Spielzeugdackel, die Ge-

schichte der »Familie Dackelleben« von Margarete Schneider-Reichel, der Dackel und das Bier sowie der Welt-Dackel.

Die Ausstellungsstücke zu Margarete Steiff haben eine ganz besondere Geschichte: Ihr Enkel Richard, der 1902 den berühmten Steiff-Bären erfand, war stolzer Dackelbesitzer und wurde als passionierter Jäger von seinem Dackel Walle begleitet. Kurios: Fand Richard einmal keine Zeit, mit dem Hund eine Runde zu gehen, fuhr Walle einfach eigenständig mit dem Zug ins Revier, ging dort spazieren und kam dann wieder pünktlich mit dem Zug zurück nach Hause. Denn Fakt ist: Dackel haben ein sagenhaftes Zeitgefühl – sie können sich an Uhrzeiten genau erinnern. Walle zu Ehren wurde 1904 der Überdax entworfen; einer der limitierten kuscheligen, lang gezogenen Vierbeiner ist auch im Museum in Regensburg zu finden.

Eine weitere wahre »Schatzkammer« entdeckt man hier ebenfalls: Der wertvolle Nachlass der leidenschaftlichen Sammlerin Brigitta von Wirth zeigt 567 Stücke u. a. von berühmten Manufakturen wie Meissen, Nymphenburg oder Baccarat.

Zur Eröffnung gab es auch königliche Glückwünsche. U.a. gratulierte König Charles, der aufgrund seiner Krönung nicht persönlich dabei sein konnte.

TIPP *Im Vorraum des Dackelmuseums befindet sich ein Shop mit einer Vielzahl von Dackel-Artikeln, und im hinteren Teil ist das Museum zu finden (Öffnungszeiten: täglich 10–17 Uhr).*

Brodelnde Schönheit

DAS VULKANERLEBNIS PARKSTEIN

Das Vulkanerlebnis Parkstein ist mehr als nur ein Museum: Es ist ein ganz besonderes Erlebnis für Groß und Klein. Parkstein liegt im Oberpfälzer Landkreis Neustadt an der Waldnaab. Inmitten der idyllischen Landschaft werden Besucher des Museums über die Gegend informiert und können einen Vulkanausbruch live miterleben – eine spannende Zeitreise durch die Vulkanlandschaft Bayern-Böhmen.

Das Museum, das sich über drei Etagen erstreckt, ist komplett barrierefrei zugänglich. Auf den unterschiedlichen Ebenen werden Fakten über Parkstein und die Vulkanlandschaft dargestellt, ein Audioguide und Kurzfilme veranschaulichen dabei die Informationen zusätzlich. Ein besonderes Highlight ist der simulierte Vulkanausbruch: 10 Minuten vor jeder vollen Stunde fängt es im Museum an zu rumoren, ein Brodeln macht auf den bevorstehenden Ausbruch aufmerksam. Ein Vulkanschlot, der sich über alle drei Stockwerke erstreckt, lässt die Besucher die Entstehung des Parksteins bei einem simulierten »Vulkanausbruch« live miterleben – ein begeisterndes Erlebnis!

Wer noch weiter in die Welt der Vulkane eintauchen möchte, kann an einer der Führungen, die das Museum anbietet, teilnehmen, z. B. auf dem nahegelegenen Geopfad: Der Hohe Parkstein wird dabei bestiegen und der Felsenkeller besichtigt. Vom Ausgangspunkt der Führung, dem Parkplatz, ist die Basaltwand besonders beeindruckend, die Säulen und ihre Beschaffenheit sind deutlich zu erkennen. Nicht ohne Grund gilt sie als eine der schönsten Basaltwände Europas. Seit 1935

ERLEBNISTIPP

Wer nach dem spannenden Vulkanerlebnis Entspannung sucht, wird in der **Weidener Thermenwelt** fündig. Rund 15 Autominuten von Parkstein entfernt, bietet diese ein abwechslungsreiches Programm. Egal ob Entspannung, Ruhe, Action oder Spaß: Besucher kommen hier u. a. in Whirlpools und der Saunalandschaft, im Dampfbad oder auf Unterwasserliegen, im Kinderspaßbecken und auf der Wasserrutsche voll auf ihre Kosten.

Die Führung des Museums Vulkanerlebnis Parkstein, gibt einen aufschlussreichen Einblick in die Umgebung und ins Innere des erloschenen Vulkans (r.).

steht das Gebiet unter Naturschutz, und ein Basaltabbau ist seitdem verboten.

Der Tourguide berichtet über die Entstehung der Vulkanlandschaft und insbesondere über die Entwicklung des Vulkans direkt unter den Füßen der Besucher. Vor rund 23 Millionen Jahren, als die Alpen emporgehoben wurden, entstand auch der Vulkan im heutigen Parkstein. Die Erdkruste stand so stark unter Druck, dass sich Risse und Spalten auftaten. Dies war der Ursprung des mittlerweile erloschenen Vulkans. Im Lauf der Jahrtausende entwickelten sich eine Mulde und ein Maarsee. Die regelmäßigen Eruptionen sorgten dafür, dass eine Magmamischung auf das Grundwasser traf und Explosionen zur Folge hatte. Nachdem das Grundwasser versiegt war, gab es auch keine Explosionen mehr und der Vulkan erlosch. Wind, Wetter und Natur formten den Basaltkegel aber bis heute weiter.

Auf dem Geopfad den Berg hinauf sind 500 Millionen alte Steine zu sehen, zu denen sich Erklärungen auf den Infotafeln daneben finden. Oben angekommen, fällt der Blick als Erstes auf die im Jahr 1852 erbaute Kapelle. Dann fasziniert ein grandioser Ausblick über die Gegend: Felder, Steinbrüche, Weiden, Berge, Wälder, das alles kann hervorragend überblickt werden.

Die Basaltwand ist noch hervorragend erhaltet und gibt einen Einblick auf die Beschaffenheit des Vulkans (o., u.r.). Vulkanausbruch im Museum (u.l.)

Bei gutem Wetter reicht die Sicht bis nach Tschechien.

Auf dem Weg bergab kommt man an Mauerresten vorbei: 1744 wurde hier eine Burg erbaut. Einer Sage nach hatte eine kaiserliche Jagdgesellschaft einst ein Wildschwein bis auf den Berg hinauf verfolgt, wo es nicht mehr entkommen konnte. Der Kaiser war so begeistert von der Aussicht, dass er beschloss, dort eine Burg errichten zu lassen. Die erste Burg aus Holz brannte nieder, eine weitere Burg aus Stein verzeichnete 1769 zu viele Schäden und wurde baufällig und zum Abriss freigegeben. Ihre Steine nutzte man zum Häuser- und Kirchenbau. 1990 wurden die alten Mauerreste mit neuen Natursteinen teilweise wieder aufgebaut. Funfact am Rande: Bis heute ziert im Übrigen das Wappen von Parkstein ein Wildschwein auf rotem Hintergrund.

Wieder am Fuß des Basaltkegels angekommen, führt die Tour nun in den »Keller« des Vulkans, wo sein Inneres bestaunt werden kann. Eine Infotafel neben den Kellereingängen erläutert noch einmal die Entstehungsgeschichte. Ihr Ende findet die interessante, ereignisreiche Tour dann im Museum, dessen Besuch wärmstens zu empfehlen ist – eine jede Vulkan-Führung sollte doch auch mit einem »Vulkanausbruch« abgeschlossen werden.

INFO *Öffnungszeiten Vulkanerlebnis Parkstein: April bis Oktober Di–So 10–17 Uhr, November bis März Do–So 13–17 Uhr. Der Felsenkeller ist täglich von 8–20 Uhr geöffnet. Der Eintritt ist frei. Der Geopfad ist jederzeit frei zugänglich.*

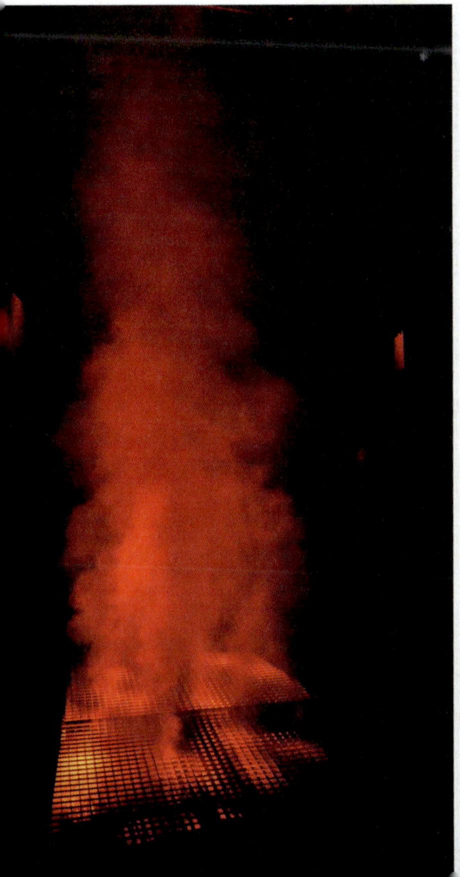

Puppen von Käthe Kruse

Berühmtes Erbe einer Puppenmutter

DAS KÄTHE-KRUSE-PUPPEN-MUSEUM

Die weltweit größte Käthe-Kruse-Puppensammlung ist in einem ehemaligen Kapuzinerkloster in Donauwörth zu finden. Das Museum wurde im Jahr 1993 eröffnet und zieht seither jährlich Tausende Besucher aus aller Welt an. Die große Kreisstadt Donauwörth liegt im schwäbischen Landkreis Donau-Ries. Zwischen Wörnitz und Schellenberg entdeckt man die Altstadt mit der schönen Reichsstraße im Zentrum, die Teil der Romantischen Straße ist. Ihre wunderschönen Giebelhäuser wurden im Zweiten Weltkrieg zum größten Teil zerstört, jedoch ab 1946 originalgetreu wieder aufgebaut. Die Straße erstrahlt in hellbunten Farben und begeistert mit ihren wunderschönen Gebäuden und Kirchen. Sehenswürdigkeiten der Stadt sind beispielsweise das Rathaus, das Liebfrauenmünster, das Deutschordenshaus oder das Kloster Heilig Kreuz.

Und noch ein weiteres Highlight entdeckt man hier: das Käthe-Kruse-Puppen-Museum, das sich einer ganz besonderen Geschichte widmet. 1883 in Dambrau bei Breslau geboren, lernte Katharina Simon ihren späteren Mann, den bekannten Künstler Max Kruse, in Berlin kennen. Im Lauf ihres Lebens brachte sie acht Kinder zur Welt. 1905 wünschte sich ihre Tochter Maria eine Puppe, jedoch verweigerte der Vater ihr eine handelsübliche Puppe mit Porzellankopf, woraufhin Käthe selbst eine Puppe entwarf. Diese bestand aus einem

ERLEBNISTIPP

In Donauwörth befindet sich die Firma **Airbus Helicopters Deutschland GmbH.** Wer über die B 16 aus Südwesten kommend nach Donauwörth fährt, wird am Kreisverkehr mit dort aufgestellten Helikoptern begrüßt. Der Firmensitz ist im Gewerbegebiet. Für bestimmte Gruppen finden Betriebsbesichtigungen statt. Wer sein Glück versuchen möchte, einen Blick auf einen Helikoptertestflug zu erhaschen, kann dafür den Weg an der Donau nutzen: Der Spazierweg führt direkt hinter dem Airbus-Gelände entlang.

In Donauwörth werden für viele Besucher Kindheitserinnerungen wach. Die Puppen von Käthe Kruse lösen nicht nur bei Kindern Freude aus.

Handtuch, Sand und einer Kartoffel: Sie knotete das Handtuch für Arme und Beine zusammen, befüllte es mit Sand und band die Kartoffel als Kopf in das Handtuch mit ein. Ein abgebranntes Streichholz nutzte sie dazu, das Gesicht aufzumalen. Käthes erste Puppe war geboren, heißgeliebt von ihrer Tochter – und sie sollte bei Weitem nicht die letzte sein, denn Käthe erarbeitete in den folgenden Jahren weitere Puppenmodelle.

Im Jahr 1910 beteiligte sie sich an der Ausstellung »Spielzeug aus eigener Hand« und nahm 1911 erstmals an einer internationalen Ausstellung in Florenz teil. Dort bekamen ihre kindgerechten Puppen aus Stoff besonders viel Aufmerksamkeit und positives Feedback, weshalb sie einen großen Auftrag aus Amerika über zunächst 150 und dann weiteren 500 Puppen erhielt. Mit Helfern arbeitete sie zu Hause an den handgefertigten Puppen. Allerdings reichte der Platz in ihrer Wohnung bald nicht mehr aus, und so fand sie in Bad Kösen an der Saale passende Räumlichkeiten, in denen sie bis 1950 die Käthe-Kruse-Werkstätten leitete. Sie entwickelte handgefertigte Spielpuppen sowie Schaufensterpuppen, die in die ganze Welt versandte wurden. In der Nachkriegszeit gründeten Käthes Söhne Max und Michael Zweigwerke in Donauwörth und Bad Pyrmont; 1949 wurden beide Standorte zusammengelegt und die Produktion fand seitdem nur noch dort statt. Im Jahr 1956 verließ Käthe Kruse Donauwörth, und 1958 wurde die Produktion der Schaufensterfiguren abgegeben.

Käthe Kruse starb 1968 in Murnau. Nachdem Max und Michael die Leitung der Produktion abgegeben haben, übernahm Tochter Hanna Adler-Kruse den Familienbetrieb und führte diesen bis 1990 weiter.

Im Donauwörther Museum zeigt die größte Käthe-Kruse-Sammlung der Welt Puppen von 1912 bis heute in liebevoll gestalteten Vitrinen. Besucher erhalten interessante Informationen über die Puppengeschichte, die Entwicklung und die Produktion. Und natürlich wird auch das Leben von Käthe Kruse beschrieben. Ein Bildschirm zeigt einen Film, und über Telefone kann man historischen Interviewaufnahmen mit Käthe Kruse lauschen. Führungen und Kinderrallyes werden angeboten, Kindergeburtstage, Schul- und Kindergartenausflüge organisiert. Doch begeistert der Museumsbesuch nicht nur die Kleinen, sondern alle Altersgruppen, was man im Gästebuch nachlesen kann. Jeweils im Sommer und im Winter gibt es wechselnde Sonderausstellungen.

Neben einer Vielzahl von Käthe-Kruse-Puppen sind im liebevoll eingerichteten Museum auch Figuren (l.) und Schaufensterpuppen (o.) ausgestellt.

INFO *Öffnungszeiten Käthe-Kruse-Puppen-Museum: Mai bis September Di–So 11–18 Uhr, Oktober bis April Do–So 14–17 Uhr, 25. Dezember bis 06. Januar täglich 14–17 Uhr; an Feiertagen (ausgenommen Karfreitag und Heiligabend) geöffnet*

Schlicht, pompös, *einzigartig*

DAS DEUTSCHE HUTMUSEUM LINDENBERG

Das Deutsche Hutmuseum ist im Westallgäu in Lindenberg zu finden. In einer alten Hutfabrik untergebracht, wird hier in interessant gestalteten Ausstellungsräumen auf nahezu 1000 Quadratmetern die 300 Jahre alte Geschichte der Hutmanufaktur erzählt. Das Museum ist barrierearm. Eine großzügig gestaltete Wendeltreppe und ein Aufzug bringen Besucher auf die unterschiedlichen Ebenen des Gebäudes. Die Dauerausstellung wird auf zwei Etagen (3. und 4. OG) gezeigt, zusätzlich gibt es eine Sonderausstellung auf einer weiteren Ebene (2. OG). Im Dachgeschoss befindet sich die Kulturebene; dort finden Veranstaltungen statt und die Räumlichkeiten können für Festlichkeiten gemietet werden. Im Untergeschoss ist das alte Kesselhaus zur Gastronomie des Hauses umgestaltet worden.

Die Dauerausstellung erzählt in drei Hauptthemen detailliert und informativ die Geschichte der Hutherstellung, der Hutmode und der Hutstadt. Zehn Mitmachstationen lassen die Besucher alles zum Thema Hut haptisch miterleben. Es gibt Flechtstationen, eine Hutpresse zum Ausprobieren, eine Fotobox und bis zu 100 Hüte, die aufgesetzt werden können. Die Auswahl ist vielfältig und einzigartig. Ob klein, groß, schlicht oder pompös: Für jeden ist etwas Passendes dabei. In den Spiegeln können sich die Besucher betrachten, Selfies sind erwünscht. Es bringt jede Menge Spaß, sich durch die Hutsammlung durchzuprobieren.

ERLEBNISTIPP

Das Wandergebiet **Ratzenberger Moos** bietet eine Mischung aus Aktivität, Entspannung und Naturerlebnis. Das Waldseebad lädt zu einer Erfrischung im kühlen Nass ein; unter Bäumen lässt es sich herrlich entspannen, der Eintritt ist frei. Wer die Gegend ausführlicher erkundigen möchte, kann die Wanderwege und den Torflehrpfad nutzen: Auf diesem kurzen Weg wird man anhand von Tafeln bestens über die Gegend und ihre Geschichte informiert.

Das Deutsche Hutmuseum erzählt die Geschichte der Hutmode (o.). Neben dem Huttornado (u.) werden die Kopfbedeckungen von Berühmtheiten ausgestellt.

Das Museum bietet Führungen an, auch Audioguides stehen zur Verfügung, und es gibt ein Mitmachheft, in dem »Hubert« auf kindgerechte Weise durch die Räumlichkeiten führt. Etwas Besonderes ist die Whatsapp-Tour: Hier schreibt die Strohhutflechterin Agathe Binz den Besuchern Whatsapp-Nachrichten – diese besondere Idee brachte dem Museum 2019 den Bayerischen Museumspreis für Vermittlung. Des Weiteren gibt es Gruppenführungen für Erwachsene, eine Themenführung »Mit Hüten erarbeitet! Das Leben der Lindenberger Frauen«, Führungen für Sehbeeinträchtigte und speziell für demenziell Erkrankte. Auch Kindergärten und Schulen nutzen das wunderbare Angebot, die Geschichte der Hüte zu entdecken. Zubuchbare Workshops runden das Erlebnis ab; hierbei können eigenständig Stirnbänder, Zylinder oder neue Hutkreationen gestaltet werden – gerade für Kindergeburtstage eine hervorragende Idee. Auch das Ferienprogramm bietet den Kindern abwechslungsreiche und spannende Einblicke.

Die Räumlichkeiten der Ausstellung sind offen und schön gestaltet. Vitrinen geben einen Überblick über die unterschiedlichen Hüte, großformatige Fotografien zeigen Bilder der Hutgeschichte, und Filmaufnahmen aus der Lindenberger Firma Mayser sowie der Hutfabrik Seeberger geben einen Einblick in die Hutherstellung. Besonders schön ist die Kunstinstallation von Anja Luithle: Ihr »Huttornado« ist eine beeindruckende Anordnung von weißen Hüten, die auf Stahlstangen vom Boden bis zur Decke »wirbeln«. Daneben sind Vitrinen mit Hüten

Das Museum ist ein Mitmachmuseum für Groß und Klein. U.a. kann die Herstellung nachempfunden (r.) und über 100 Hüte anprobiert werden.

von bekannten Personen aufgestellt: Kopfbedeckungen von Roger Cicero, Indiana Jones, Queen Elizabeth II. oder Papst Benedikt XVI sind hier zu sehen. Wessen Hut darf in dieser Sammlung natürlich keinesfalls fehlen? Richtig, der Hut von Udo Lindenberg. Der gleiche Name ist zufällig, jedoch werden seine unverkennbaren braunen Fedora-Hüte exklusiv für ihn in der Lindenberger Firma Mayser hergestellt.

Die Geschichte des Huts reicht weit zurück in die Vergangenheit – bei Ausgrabungen in Pestenacker wurde das bisher älteste Modell gefunden: Der spitze Hut aus Leder, Leinenbändern und Baststreifen stammt aus der Jungsteinzeit und ist damit ca. 5500 Jahre alt. Vom Mittelalter bis ins 19. Jahrhundert hinein war der Strohhut wohl die meistgenutzte Kopfbedeckung auf der ganzen Welt. Gerade im 16. Jahrhundert war der Getreideanbau in Lindenberg überlebenswichtig – zu dieser Zeit flocht man das Stroh zu Borten und setzte diese zu einfachen Hüten zusammen. Im Jahr 1755 entstand in Lindenberg die erste Hut-Compagnie, 1830 folgt die erste Hutfabrik. Bis 1900 gab es in Lindenberg und Umgebung 34 Strohhuthersteller, darunter 14 Hutfabriken. Der Handel und das Gewerbe sorgten dafür, dass sich Lindenberg zum größten Ort im Westallgäu entwickeln konnte; bis heute ist er durch die Hutgeschichte geprägt.

INFO *Öffnungszeiten Deutsches Hutmuseum Lindenberg: Di–Do von 9.30–17 Uhr (Mo geschlossen); für Schulklassen Führungen ab 8.15 Uhr möglich*

Auf modischer *Zeitreise*

DAS DEUTSCHE KNOPFMUSEUM

Das Deutsche Knopfmuseum ist in Bärnau im Landkreis Tirschenreuth in der Oberpfalz zu finden. 1975 eröffnet, befindet sich das außergewöhnliche Museum seit 1998 im alten Kommunbrauhaus. Die Ausstellung erstreckt sich über zwei Etagen und fünf Räume. In der obersten Etage befindet sich zusätzlich eine Sonderausstellung, die halbjährlich wechselt. In der unteren Etage, im Bereich der Kasse, werden Knöpfe und Materialien verkauft.

Es gibt vieles zu entdecken: Knöpfe aus vier Jahrhunderten und 26 verschiedenen Materialien, Maschinen und Geräte führender Knopfherstellungsmethoden, Wandteppiche mit Hunderten von Knöpfen, der größte und der kleinste Perlmutterknopf der Welt und das Knopfpaar, dessen Kleidung aus über 18 500 glänzenden Knöpfen besteht, werden hier gezeigt.

Die ersten bekannten Knebelknöpfe wurden bereits vor 10 000 Jahren aus Knochen und Holz gefertigt und durch Schlingen aus Tiersehnen gezogen. Weitere Entdeckungen aus dem Jahr 6000 v. Chr. zeigen Doppelknöpfe aus Bernstein, die als Grabbeigaben dienten. Jahre später, in der neolithischen Zeit (4000–1800 v. Chr.) wurden Knöpfe aus Bein, Holz, Keramik und Bronze gefertigt. Ebenso verwendete man damals Steine als Knöpfe. Diese dienten zu dieser Zeit vorrangig als Schmuck oder Zierrat und wurden als Symbole angesehen, die vor Zauber und stärkeren Mächten schützen sollten. Tücher wurden einst einfach um den Körper gewickelt und geknotet; als Halt dienten Riemen, Spangen, Schlingen oder Ösen. Besonders bekannt

Wie sich der Knopf verändert und welchen Beitrag er zur Mode geleistet hat, wird auf der Zeitreise im Knopfmuseum deutlich.

ERLEBNISTIPP

Der **Geschichtspark Bärnau-Tachov** entführt Besucher in das mittelalterliche Leben des 9.–14. Jh. Das archäologische Freilandmuseum bietet mit einem Rundgang, Veranstaltungen, Kursen und weiteren Aktionen eine ganz besondere Zeitreise und ein spannendes Erlebnis für Groß und Klein an. Hier wird mitgemacht, gelernt und gestaunt (März bis November Di–So von 10–18 Uhr).

ist dieses Tragen der Kleidung aus dem alten Rom, doch waren schon dort Knöpfe bekannt: Diese bestanden aus Blei, Achat, Bein oder Glas. Zur römischen Kaiserzeit wurden zusätzlich versilberte Zierknöpfe verwendet.

Die heutige Form des Knopfes ist den Kreuzrittern zu verdanken. Dadurch, dass sie Knöpfe und Gewänder aus dem Orient mitbrachten, veränderte sich die Mode Europas. Die Wickelmethode nahm ab, und die Kleidung bekam einen Schnitt. So wurde die Fibel zum wohl häufigsten Verschluss der Gewänder; diese Fibeln können ebenfalls im Knopfmuseum entdeckt werden. Besonders wichtig wurde der Knopf im 14. Jahrhundert, denn mit der Veränderung des Kleidungsstils erfand man auch das Knopfloch. Ein wahrer Hype brach aus: Männerkleidung wurde vorne geknöpft, Frauenkleidung hinten. Die Knopfliebe wurde so groß, dass manch ein Gewand mit bis zu 300 Knöpfen ausgestattet war.

Im 16. Jahrhundert wurde die Knopfmode durch die neuen Entwicklungen und die künstlerischen Denkweisen revolutioniert – die Kunst wurde in der Gestaltung der Knöpfe verewigt, Material und Gestaltung kannten keine Grenzen mehr. Im Zeitalter der Renaissance stieg der Knopf zum Statussymbol für Reichtum und Ansehen auf.

Unzählige Knöpfe aus verschiedensten Materialen in unterschiedlichsten Größen sind hier zu finden. Außerdem verschiedene Herstellungsmaschinen (r.).

Samt- und Seidenstoffe wurden mit glänzenden und prachtvollen Knöpfen besetzt, Materialien wie Edelsteine, Silber, Perlen oder Kristalle waren keine Seltenheit. Knöpfe waren angesehen wie Juwelen, auch Kleider und Anzüge wurden über und über mit Knöpfen besetzt und deutlich zur Schau gestellt. Solch verzierte Kleidungsstücke sind ebenfalls im Knopfmuseum zu finden.

Bis ins 17. und 18. Jahrhundert hinein entwickelte sich der Knopf am Hof- und Staatskleid zu einem ganz besonderen Schmuckgegenstand weiter. Auch dort dienten die Knöpfe aus Diamanten oder Edelsteinen als Verzierung: So sollte beispielsweise Ludwig XIV. 1686 eine mit 816 farbigen Edelstein- und 1826 Diamantenknöpfen besetzte Weste getragen haben. Im 18. Jahrhundert entwickelte sich eine lockere und natürliche Kleidermode; in dieser Modebewegung dienten Knöpfe aus Messing als Zierrat. Um 1850 wurde der Manschettenknopf entwickelt und kurz darauf auch die einheitliche Knopfrichtung: für Männer von links nach rechts und für Frauen von rechts nach links. Im 20. Jahrhundert erlebte der Knopf wohl seinen größten Aufschwung: Durch die industrielle Entwicklung konnten Knöpfe nun in allen Größen, Farben und Formen aus unterschiedlichen Materialien, besonders aus Kunststoff, problemlos hergestellt werden.

INFO *Öffnungszeiten Deutsches Knopfmuseum: April bis Oktober Do–So (+ Feiertage) 13–17 Uhr. Für Gruppenanmeldungen ab 15 Personen ist ein Besuch auch außerhalb der Öffnungszeiten möglich.*

Kleinste Werbeplakate der Welt

DAS ZÜNDHOLZMUSEUM GRAFENWIESEN

Das im Jahr 2007 eröffnete Zündholzmuseum Grafenwiesen ist im Oberpfälzer Landkreis Cham zu finden. Ende des 19. Jahrhunderts war der Bayerische Wald der Schwerpunkt des massenproduzierten Alltagsgegenstandes. 1929/1930 kaufte der österreichische Ingenieur Robert Czerweny von Arland die Fabrik, in der 1930 die Zündholzfabrik Allemann gegründet wurde. Für die Produktion der »Welthölzer« und der »Haushaltsware« war die Firma Allemann zuständig. Im Jahr 1949 nahm die Firma ein zweites Produkt in die Produktion auf: Spankörbe für Obst und Fische. In den 1950er- und 1960er-Jahren entwickelte sich die Zündholzfabrik Grafenwiesen zum größten industriellen Arbeitgeber der Region – rund 350 Menschen waren hier zur damaligen Zeit angestellt. 1966 wurde die Zündwarenhandelsgesellschaft ZÜCLAM als Tochtergesellschaft der Firma Allemann gegründet. Ende der 1970er-Jahre kam dann mit der Herstellung von Türen und Toren aus Holz eine neue Produktlinie hinzu. Wie in ganz Deutschland entwickelte sich die Zündholzherstellung aber mit der Zeit massiv zurück, weshalb die Zündwarenproduktion 1985 komplett eingestellt wurde (1987 auch die Spankorbherstellung. Türen und Tore werden von der Firma Allemann hingegen bis heute hergestellt).

Das Zündholzmuseum befindet sich in der zweiten Etage der Firma (Parkplatz vor dem Haus), ein riesiges Zündholz im Vorgarten weist schon von Weitem auf das Museum hin. Die Dauerausstellung informiert die Besucher über Geschichte und Herstellung der Zündhölzer und vermittelt so einen Eindruck der Arbeiten in der Zündholzfabrik Allemann und wie sie sich von einem Kleingewerbe zu einem Industriebetrieb entwickeln konnte. Außerdem sind geschichtsträchtige Zündholzverpackungen zu sehen. Besonders interessant sind die ältes-

ERLEBNISTIPP

Der **Greifvogelpark Grafenwiesen** liegt rund 5 Autominuten vom Museum entfernt. Direkt am Fluss gelegen und eingebettet in die wunderschöne Natur, kann man hier 35 Volieren auf einem Rundweg erkunden und so in die faszinierende Welt der Greifvögel eintauchen. Zudem gibt es tägliche Führungen, Flugvorführungen und einen Lehrpfad zum Thema »Ökologie, Tiere und Pflanzen am Fluss«.

In Grafenwiesen wird die Geschichte der Zündhölzer gezeigt. Außerdem sind die unterschiedlich gestalteten Verpackungen ausgestellt.

ten Ausstellungsstücke, die im Gegensatz zu den heute eckigen Schachteln noch rund waren. In Schubladen untergebracht, werden eine Vielzahl von Zündholzetiketten gezeigt – die Bilder wurden einst auf Bögen gedruckt, ehe sie die Zündholzschachteln verzierten. Grafisch eingängige Tiermotive wurden Teil des Firmen-Signets, wie z. B. Schwan oder Schwalbe, Hirsch oder Bär, Pferd und Phönix, der Feuervogel aus der Mythologie. Später gab es sogar Sammelserien zu speziellen Themenbereichen der Fauna, und teilweise wurden auf den Etiketten auch u. a. Appelle zum Natur- und Tierschutz aufgedruckt, bei Allemann z. B. einige Serien unter dem Motto »Rettet die Natur«.

In einem weiteren Raum sind Zündholzbehälter und Basteleien aufgestellt. Ein großes Modell aus Zündhölzern zeigt das Schloss Neuschwanstein, ein anderes den Eiffelturm. Im dritten Raum wird eine Dokumentation über die Zündholzgeschichte in Grafenwiesen und im tschechischen Susice gezeigt. Während des 12-minütigen Films bekommen die Besucher einen guten Eindruck von der Welt der »kleinsten Werbeplakate der Welt«. Die Sonderausstellung wechselt jährlich, denn die Vielfalt und der Ideenreichtum aus aller Welt ist einfach faszinierend.

INFO *Öffnungszeiten Zündholzmuseum Grafenwiesen: von Ostern bis Ende Oktober Mi/Do/So und an Feiertagen von 14–16 Uhr*

Myanmar

Skurriles von der Ostsee bis Indien

BESENWELTEN CHRISTL HIRNER

Die Besenwelten sind in einer schönen Wohngegend in einem ruhigen Ortsteil von Günzburg zu finden. Dort steht am Hang das Haus von Christl Hirner, eine Treppe führt am Haupteingang hinunter zum Eingang der Besenwelten, wo um die 400 liebevoll ausgewählten Besen aus aller Welt ein Zuhause gefunden haben. Das größte Besenmuseum der Welt ist im ehemaligen Schwimmbad des Hauses zu besichtigen. Der helle Raum mit seinen großen Fenstern, aus denen der Blick auf den wunderschönen Garten fällt, versetzt den Besucher in eine andere Welt, die einzigartig zu sein scheint.

Die meisten Besen brachte Christl Hirner von ihren Reisen mit, sie sind daher auch nach Kontinenten und Ländern sortiert. Beschriftungen und Fotos erläutern die Herkunft der Besen, die nicht unterschiedlicher sein könnten: Große, kleine, schmale, breite, lange, kurze, dekorierte – so viel Abwechslung befindet sich an jeder Wand. Die handgemachten Exemplare sind nicht nur schön anzusehen, hier darf auch alles, was nicht hinter Glas hängt, angefasst werden. Vom Pferdeschweif bis zur Gänsefeder als Besenmaterialien ist alles dabei.

Auf jeder ihren Reisen schaute sich Christl Hirner die Art und Weise an, wie und womit die Einheimischen kehren. Sie ging auf die Menschen zu, sie kam mit ihnen ins Gespräch, und sie versuchte ihnen dabei zu verdeutlichen, was sie suchte, immer auf der Suche nach einem neuen Besen für ihre Sammlung. Vor jeder Reise lernte sie das

In die Welt der Besen kann in Günzburg eingetaucht werden. Wie vielfältig diese Welt ist, lässt sich nicht erahnen, man muss es erlebt haben.

ERLEBNISTIPP

Auch einer der meistbesuchten Freizeitparks Deutschlands befindet sich in Günzburg: das **Legoland.** 2002 wurde hier das vierte Legoland weltweit eröffnet. Auf einer Fläche von 72 ha sind 11 Themenbereiche, 64 Attraktionen, Tausende Modelle und mehr als 55 Mio. Legosteine zu bewundern. Der Park bietet außerdem Hotels, Ferienhäuser und einen Campingplatz.

Wort Besen in der jeweiligen Landessprache, und kam sie damit nicht weiter, ließ sie sich den Satz »Ich bin auf der Suche nach Besen« aufschreiben. Dieses Schild zeigte sie dann den Einheimischen auf ihrer Suche – was sich, wie eindrücklich zu sehen ist, immer gut bewährt hat. Gelegentlich blieb es aber nicht nur bei einem Besen, den sie mit nach Hause brachte – so wie bei ihrer ersten Errungenschaft aus Cattolica in Italien: ein kleiner mit Perlhuhn-Federn besetzter Besen. Dieser faszinierte sie so sehr, dass sie davon direkt einen zweiten mitnahm. Und so begann ihre große Leidenschaft: das Besensammeln.

Kommt die einzigartige Besenauswahl dann in Günzburg an, hat der Besen meist eine sehr weite Reise hinter sich. Christl Hirner lässt ihre Errungenschaften vor Ort gut einpacken, denn meist sind die Besen zu groß für den Koffer und müssen als Sperrgepäck nach Deutschland verfrachtet werden. Dann staunen die Menschen nicht schlecht, wenn neben dem aufgegebenen Kinderwagen oder dem Fahrrad ein Besen ankommt. Bisher hatte Christl Hirner Glück: All ihre liebevoll ausgewählten Besen erreichten unbeschadet ihr neues Zuhause.

Doch nicht nur persönlich ausgesuchte Stücke haben ihren Weg in die Ausstellung gefunden, auch geschenkte Besen erwei-

Besucher werden mitgenommen in eine faszinierende Welt. Christl Hirner (r.) hat zu fast jedem ihrer Besen eine persönliche Geschichte zu erzählen.

tern die Sammlung regelmäßig. Und eine weitere Frage treibt die Besucher oft um: »Können Sie auf einem Besen reiten?« Natürlich werden Besen gern mit Hexen in Verbindung gebracht, jedoch sollte man hier an diesem Ort lieber die Frage stellen: »Zu welchem Besen gibt es die interessanteste Geschichte?« Denn kein Besen gleicht dem anderen, sie unterscheiden sich nicht nur in Form und Größe, sondern auch in ihrem Material. Die Borsten bestehen aus Gänsefedern, einem Gnuschwanz, einem Pferdeschweif, einem zerrupften Plastiksack, Überbleibseln einer Kokosnuss, alten Fahrradschläuchen u. v. m. Von Teebesen, über Nagelbürsten bis hin zu Schrankbesen – die Vielfalt ist schier unglaublich.

Und die Feger kommen nicht nur aus unterschiedlichen Regionen wie dem Senegal, den USA, der Türkei, aus Samoa, China oder dem Allgäu, sie werden auch sehr abwechslungsreich genutzt, wie in der Ausstellung ebenfalls deutlich wird. Mit Stiel, ohne Stiel oder an einem Band, es gibt viele Varianten, einen Besen zu halten und zu nutzen. Und: Die klare Anordnung der Besen macht es den Besuchern leicht, jeden Kontinent einzeln zu entdecken.

Fazit: In den Besenwelten gibt es nicht nur wunderschöne und einzigartige Besen, es sind auch insbesondere die wunderbaren Geschichten, die Christl Hirner zu jedem einzelnen zu erzählen hat – das macht diesen Ort in Günzburg extrem faszinierend.

INFO *Öffnungszeiten Besenwelten: jeden Freitag von 14–18 Uhr; weitere Termine nach Vereinbarung*

Von Hexen und Halunken

DAS MITTELALTERLICHE KRIMINALMUSEUM

Das Mittelalterliche Kriminalmuseum besteht seit über 100 Jahren und zeigt über 1000 Jahre deutsche und europäische Rechtsgeschichte. Ein hervorragend ausgestattetes, anschaulich gestaltetes Museum, das in der Burggasse in Rothenburg ob der Tauber zu finden ist. 2000 Exponate sind hier ausgestellt, und es warten noch weitere 50 000 Museumsstücke im Depot.

Das Museum gilt als eines der bedeutendsten Rechtskunde-Museen in ganz Europa. So zog es im Jahr 2023 über 125 000 Interessierte aus aller Welt an – Besucher sind fasziniert von dem vielseitigen Angebot und der respektvollen, wahrheitsgetreuen Darstellung der Kriminalgeschichte. Auf drei Etagen werden hier Strafrechtsgeschichte, Sanktionen, Geschichte des Verfassungs-, Verwaltungs-, und Zivilrechts, bedeutende europäische Kriminalfälle sowie Revolutionen und Randgruppen (Räuber, Hexen) auf sehr interessante Art und Weise beleuchtet. Das gefällt auch der jüngeren Generation – 50 000 Schüler und Studenten wurden für das Jahr 2023 verzeichnet, die sich wohl besonders für die dargestellten Schulstrafen interessierten. Auch in den Medien findet man mehrere Dokumentationen über das wohl spannendste und gleichzeitig furchteinflößendste Museum in Rothenburg und Umgebung.

Der Verleger Rudolf Albrecht erschuf einst im Stadtmauerturm in der Klostergasse eine Rekonstruktion einer Folterkammer. Seine an die Nürnberger Folterkammer-Ausstellung angelehnte Sammlung übergab Rudolf später an das Künstlerehepaar Ernst Paul Hinckeldey und Marta Hinckeldey-Wittke, deren Sohn im Folgenden die Folterkammer und die Sammlung noch erweiterte und ausbaute. 1977 wechselte der Standort des Kriminalmuseums in die Burggasse: Die Sammlung kam in der ehemaligen Johanniterkomturei auf 2500 Quadratmetern Fläche unter. Ab dem Jahr 1996 wurde zusätzlich die Johanniterscheune für das Museum genutzt – dort sind seither wechselnde Sonderausstellungen sowie die Cafeteria zu finden. Das Gebäude steht unter Denkmalschutz,

Das Mittelalterliche Kriminalmuseum gehört zu den beliebtesten Ausflugszielen in Deutschland. Es ist ein besonderes Erlebnis für die gesamte Familie.

und die verschiedenen Ebenen sind nur über Treppen zu erreichen.

Der Museumsrundgang beginnt im Keller, in der Folterkammer mit den zugehörigen Gegenständen. Die Folter, einst für die Wahrheitsfindung gebräuchlich, wurde erst angewandt, wenn es stichhaltige Indizien gab. Besonders interessant sind die ausgestellten Schandmasken mit informativen Erklärungen dazu. Eine Maske wurde immer passend zur Tat ausgewählt, und die Verurteilten mussten sie in der Stadt aufsetzen und wurden somit vorgeführt. Der Verlust der Ehre war damals die größte Bestrafung.

Strafen durften damals nur von einer Stadt oder einem Territorium mit ent-

ERLEBNISTIPP

Wer nach dem Besuch im Kriminalmuseum auf andere Gedanken kommen möchte, nutzt am besten die zahlreichen Wanderwege rundum. Das **Topplerschlösschen** am Taubertalweg ist ein besonders schönes Ziel und vom Kriminalmuseum innerhalb von 20 Gehminuten zu erreichen. Das Turm-Häuschen, ein außergewöhnliches mittelalterliches Bauwerk mit Möbeln aus dem 16.–19. Jh., gibt Besuchern Einblicke in die Lebensumstände früherer Zeiten.

1000 Jahre Kriminalgeschichte werden erzählt und veranschaulicht. U.a. geben Schandmasken (u.l.) und Pranger (u.r.) einen ganz besonderen Einblick.

sprechenden Rechten ausgesprochen werden. Reiche Angeklagte konnten sich des Öfteren davon freigekauft, damit ihre Ehre nicht verloren ging. Eine Strafe für ein Ehepaar, das sich in der Öffentlichkeit gestritten hat, war beispielsweise, dass sie eine doppelte Halsgeige tragen mussten – sie wurden der Strafe so lange ausgesetzt, bis sie sich wieder vertrugen.

Ganz besondere Ausstellungsstücke des Museums sind zudem die Eiserne Jungfrau und ein original Scharfrichtermantel. Weitere spannend-gruselige Themen sind Foltermethoden, Tiere in der Rechtsgeschichte oder die Hexen- und Räubergeschichten. Weiteres interessantes Highlight: die Erklärungen verschiedener Sprichwörter. Wer also erfahren möchte, was es mit »gebrandmarkt«, »auf dem Kerbholz haben«, »sich mit fremden Federn schmücken« oder mit »zu kleine Brötchen backen« auf sich hat, wird hier im Museum fündig – die Exponate und ihre Erklärungen geben Aufschlüsse darüber.

Welche Faszination das Mittelalterliche Kriminalmuseum ausübt, zeigt sich auch darin, dass es 2021 zum vierten Mal in Folge zum beliebtesten Museum in Deutschland gewählt wurde und unter den Top 100 der Sehenswürdigkeiten in Deutschland (DZT) zu finden ist.

INFO *Öffnungszeiten Mittelalterliches Kriminalmuseum: täglich geöffnet – 29. März bis Oktober Mo–So 10–18 Uhr, November Mo–So 13–16 Uhr, Dezember bis 05. Januar Mo–So 11–16 Uhr, 06. Januar bis März Mo–So 13–16 Uhr*

Gänsehaut garantiert!

Die Heiligen Leiber der *Märtyrer*

DIE BASILIKA WALDSASSEN

Die Stiftsbasilika in Waldsassen ist ein beeindruckendes Gebäude mit einem unglaublich schön gestalteten Innenraum. Neben ihrer imposanten Bauweise hat sie aber auch noch weitere außergewöhnliche Schätze zu bieten. Im Jahr 1133 gründeten Zisterziensermönche aus Volkenroda, Thüringen, hier das erste Kloster, das sich im Lauf der Jahrhunderte zu einem der bedeutendsten der Gegend entwickelte. Mit den beiden Eröffnungen von Eisenbahnlinie 1865 und ansässiger Porzellanfabrik 1866 erlebte Waldsassen einen industriellen Aufschwung und erhielt 30 Jahre später das Stadtrecht. Heute gehört Waldsassen zum Landkreis Tirschenreuth und ist die nördlichste Stadt in der Oberpfalz. Der rund 7000-Einwohner-Ort liegt im Oberpfälzer Wald, in unmittelbarer Nähe zur Tschechischen Grenze. Die ca. 550 Kilometer lange Porzellanstraße Bayerns führt durch Waldsassen.

Mit ihrer prachtvollen Erscheinung gehört die Stiftsbasilika von Waldsassen zu einer der schönsten in ganz Deutschland. Der Barockbau wurde in den Jahren 1681 bis 1704 unter dem Baumeister Georg Dientzenhofer erbaut, unterstützt von Christoph Dientzenhofer, Bernhard Schießer und Abraham Leuthner. Bei der Gestaltung wirkten außerdem Künstler wie Karl Stilp, Giovanni Battista Carlone und Jakob Steinfels mit. In Zusammenarbeit erschufen sie ein grandioses Gesamtkunstwerk von 82,7 Metern Länge, 23 Metern Breite und 23 Metern Höhe (inklusive der Kuppeln

ERLEBNISTIPP

Fußläufig von der Stiftsbasilika (2 Min.) liegt der **Naturerlebnisgarten**, der vom 01. Mai bis Mitte Oktober täglich von 10–18 Uhr geöffnet ist. Die schöne Gartenanlage bietet eine Kräuterspirale, einen traditionellen Bauerngarten, eine Bienensauna, verschiedene Themengebiete, eine Solar-Sonnenuhr, einen Kinderspielplatz, einen Barfußpfad, ein Wildbienenhotel, einen Aussichtshügel und eine Blumenuhr.

Die Stiftsbasilika von Waldsassen ist nicht nur von außen wunderschön anzusehen.
Auch der Innenraum wurde prachtvoll gestaltet.

sogar 28 Meter). 1704 wurde die Stiftsbasilika von Weihbischof Franz Ferdinand von Rummel geweiht und 1803 zur Pfarrkirche ernannt.

Die Stiftsbasilika hat eine unglaublich große Orgelanlage mit 130 Registern. Außerdem beinhaltet sie die größte Kloster- und Kirchengruft in ganz Deutschland. Der Innenraum ist wunderbar gestaltet und verziert: Stuckaturen und Fresken kommen prächtig zur Geltung und zeigen u. a. überlieferte Gründungsgeschichten und das Leben Jesu. 2013 bis 2017 wurde der komplette Innenraum renoviert, um die Schönheit der Vergangenheit im neuen Glanz erscheinen zu lassen.

Als im Jahr 1578 vor den Toren Roms ein Weinberg eingestürzte, kamen vergessene Katakomben zum Vorschein, in denen sich eine Vielzahl von Gebeinen befanden. Diese Skelette wurden daraufhin zu Märtyrern erklärt und waren alsbald heiß begehrt – man scheute damals keine Kosten und Mühen, um sie zu erwerben. Die Gebeine wurden zu Skeletten zusammengefügt, bekleidet und liegend oder stehend hergerichtet. Sie symbolisierten die Auferstehung der Märtyrer. In den Jahren 1688 bis 1765 wurden diese ganz besonderen Reliquien von Rom nach Waldsassen ge-

Der Innenraum der Stiftsbasilika beherbergt aufwendig hergerichtete und verzierte Skelette. Sie sind in ihren gläsernen Särgen aufgebettet.

bracht. Frater Adalbert Eder erhielt damals die ehrenvolle Aufgabe, die Gebeine zu verzieren – fortan schmückten Perlen und funkelnde Steine die Heiligen Leiber von Waldsassen.

Diese besonderen Schätze sind im Innenraum der Kirche zu finden, wo die Gebeine in gläsernen Schaukästen auf Altären aufgestellt wurden. Es gibt liegende und stehende sowie männliche und weibliche zu sehen. Dabei wurden die Glaskästen geschmackvoll ins Gesamtkunstwerk der Basilika eingefügt. Obwohl die Atmosphäre sicherlich ungewöhnlich ist, lassen die einzigartig hergerichteten Reliquien den Betrachter still werden und innerliche Ruhe verspüren. Ein wenig gruselig ist es jedoch schon, in die Augen der Heiligen Leiber von Waldsassen zu blicken, Gänsehaut nicht ausgeschlossen. Vor mehr als 250 Jahren erhielt Abt Alexander Vogel die Erlaubnis, ein Fest anlässlich der Heiligen Leiber zu veranstalten, das seitdem jährlich am 1. August stattfindet.

Die Kirche ist täglich geöffnet. Von März bis Oktober finden Konzerte geistlicher Musik statt (das Programm der Stiftsbasilika von Waldsassen ist im Internet einzusehen). Das Pfarramt befindet sich links neben der Basilika, Rathaus und Touristeninformation sind direkt gegenüber. Des Weiteren gibt es noch die Zisterzienserinnen-Abtei Waldsassen, die Stiftsbibliothek, das Gästehaus St. Joseph, den Klosterladen der Abtei und das Kultur- und Begegnungszentrum mit dem Umweltgarten der Abtei. Parkplätze stehen in der unmittelbaren Umgebung zur Verfügung.

Dinkelsbühls gruseligster Bewohner

DER GEIST IN DER STADTMAUER

Die zum wiederholten Male zur »schönsten Altstadt Deutschlands« gekürte ist im Landkreis Ansbach in Mittelfranken zu finden: in Dinkelsbühl. Die große Kreisstadt liegt in der Nähe der Grenze zu Baden-Württemberg und ist eines der Gründungsmitglieder der Romantischen Straße. Mit ihren kopfsteingepflasterten Straßen und ihren historischen Häusern ist sie etwas ganz Besonderes, nicht nur für begeisterte Touristen aus aller Welt, sondern auch für ihre rund 13 000 Einwohner. Um Dinkelsbühl herum gibt es mehrere Parkplätze, die eine Erkundung der Stadt nach nur wenigen Metern möglich machen. Durch die Stadttore und Durchgänge in der Stadtmauer tretend, fühlt sich der Besucher in eine längst vergangene Zeit zurückversetzt.

Einer Sage nach soll ein Dinkelbauer der Begründer von Dinkelsbühl gewesen sein. Seine selbstgebaute Kapelle und den dazugehörigen Hof habe er durchziehenden Karmelitermönchen geschenkt. Diese errichteten ein Kloster, und nach und nach entstand darum eine Ansiedlung. So wurde der Dinkelbauer von den Mönchen als Kloster- und Stadtgründer gefeiert. Um 1372 wurde mit dem Bau der heutigen Stadtbefestigung begonnen. Der 2500 Meter lange Mauerring ist samt Zwingern und Zwingertürmen bis heute vollständig erhalten geblieben. Auch die historischen Gebäude der Stadt sind noch weitestgehend in ihrer alten Struktur zu sehen, denn Dinkels-

Wer einem echten Geist einen Besuch abstatten will, ist hier genau richtig. In Dinkelsbühl kann beim Mauergeist angeklingelt werden. Wer traut sich?

bühl überstand beide Weltkriege unbeschadet. Die historisch authentische Altstadt lässt heute mit ihren schmalen Gassen, den schmucken Plätzen und ihren prächtigen Giebel- und Fachwerkhäusern nicht nur die Herzen von Historikern höherschlagen.

Aber es gibt auch noch eine ganz besondere Entdeckung zu machen, denn Dinkelsbühl hat seit der Landesgartenschau im Jahr 1988 einen ganz ungewöhnlichen Bewohner. Spaziert man durch die Altstadt, an der Stadtmauer vorbei, durch die Gärten, über die Holzbrücke, die Treppe hinunter in den Mauergraben und den Weg entlang, kann man ihn womöglich in der Mauer finden – herzlich willkommen beim Mauergeist! Durch ein vergittertes Fenster kann man einen Blick in die dunkle Mauer werfen, was durchaus ein wenig gruselig sein mag. Mutige sagen dem Mauergeist »Guten Tag« – und ziehen dann an der Glocke, was den Mauergeist anlockt … Gerade für Kinder ist dies ein spannendes Erlebnis.

ERLEBNISTIPP

Direkt angrenzend an die alte Dinkelsbühler Stadtmauer und ganz in der Nähe des Mauergeists entdeckt man den wunderschönen Naturpark **Arche-Noah-Garten**, der zum Entdecken, Verweilen und Beobachten einlädt, z. B. im Garten der Sinne. In Zusammenarbeit haben die Kirchen, der Bund Naturschutz und die Stadt Dinkelsbühl ein ganz besonderes Sinneserlebnis geschaffen.

Pestopfer und ein Geisterhund

ZUR POLLINGSRIEDER KAPELLE

Zwischen Weilheim und Penzberg ist mitten im Lauterbacher Wald die Pollingsrieder Kapelle zu finden. Der Wald in der Nähe des Starnberger Sees ist ein beliebtes Ausflugsziel für Wanderer. Von einem kleinen Parkplatz führt ein Wanderweg in den Wald hinein, auf dem man nach ein paar Minuten auf einer Lichtung die Pestkapelle, einsam und abgeschieden mitten im Wald, erreicht. Die Kapelle ist dem Heiligen St. Georg geweiht, gruselige Geschichten und aufregende Mythen werden über sie erzählt. Wer sich dennoch dazu entscheidet, der Kapelle einen Besuch abzustatten, sollte auf einiges vorbereitet sein.

In einer Urkunde von 1162 wurde eine Kapelle erwähnt, auf die wahrscheinlich der Pollingsrieder Kapellenbau zurückzuführen ist. Zur damaligen Zeit gab es sechs Höfe in der Umgebung. Da das Gebiet verflucht schien, gab man die Höfe auf und verließ die Gegend. Die Bausubstanz der Höfe jedoch war wertvoll, sodass sie abgetragen und zum Aufbau von neuen Gebäuden verwendet wurde. Anschließend forstete man die leeren Gebiete wieder auf, und von den Höfen war fortan nichts mehr zu sehen – nur die Kapelle blieb verschont und wurde auf ihrer Lichtung stehen gelassen.

Als 1633 die Pest in der Umgebung zahlreiche Opfer forderte, sollen die Einwohner von Eberfinger und den umliegenden Riedschaften einen Schwur geleistet haben: Sie boten an, jedes Jahr am Abend vor St. Sebastian in der Kapelle eine Messe abzuhal-

ERLEBNISTIPP

Wer nach den Geister- und Gruselgeschichten Entspannung sucht, ist an den **Osterseen** genau richtig. Das nahe Naturschutzgebiet besteht aus 20 großen und 16 kleinen Seen und bietet der Tier- und Pflanzenwelt einen spektakulären Lebensraum im Wasser, in den umliegenden Nieder-, Übergangs- und Hochmooren und in den Wäldern. Gut ausgebaute Wanderwege laden zu kürzeren und längeren Spaziergängen und Wanderungen ein.

Über die Pestkapelle mitten im Wald werden viele gruselige Geschichten erzählt. Welche ist wahr, welche erfunden? Wer findet es heraus?

ten, wenn die Menschen der Gegend vom Schwarzen Tod verschont blieben. Und tatsächlich: Nach diesem Schwur erkrankte niemand mehr an der Pest, der die Glocken der Kapelle hören konnte, und es gab hier keine Pesttoten mehr zu verzeichnen. Die erste Messe, um den Schwur zu erfüllen, fand daraufhin am 19. Januar 1634 statt. Die Pesttoten aus der Zeit davor sollen in die Brunnen rund um die Kapelle geworfen worden sein, und als der Platz nicht mehr ausreichte, sollen die Toten um die Kapelle herum begraben worden sein.

Eine weitere Geschichte erzählt vom Tod eines Mädchens: Ein Pfarrer soll das Mädchen getötet und in den Brunnen geworfen haben, woraufhin ihr großer schwarzer Hund tagelang vor dem Brunnen gesessen und gewartet haben soll. Als der Pfarrer erneut zur Kirche kam, biss der Hund ihm die Kehle durch – im Sterben soll der Pfarrer ein Geständnis abgelegt haben. Passend zu dieser Geschichte des toten Mädchens soll auch heute noch ein großer schwarzer Geisterhund mit feurig roten Augen nachts rund um die Kapelle sein Unwesen treiben ...

Kein Wunder also, dass Menschen, die sich zu lange bei der Kapelle aufhalten oder gar die Nächte dort verbringen, ihren Verstand verlieren sollen. Wer sich dennoch dorthin traut und keine Angst vor einer Geisterbegegnung hat: Das Grundstück der Kapelle ist ganzjährig öffentlich zugänglich. Die Kapelle selbst wird videoüberwacht und ist fest verschlossen, sie kann nicht betreten werden.

Ludwigs *geheimnisvoller Tod*

SCHLOSS BERG AM STARNBERGER SEE

Das sagenumwobene Schloss Berg direkt am Ufer des Starnberger Sees ist mit seinen Mythen wohl eines der spannendsten Schlösser in Bayern. Es gehört zur Gemeinde Berg im oberbayerischen Landkreis Starnberg. Das Schloss befindet sich seit nahezu einem Jahrhundert in Privatbesitz und ist für die Öffentlichkeit nicht zugänglich, und Mauern verhindern einen Blick darauf. Der Bau, der eher einer großen Villa gleicht, ist ausschließlich vom See aus zu betrachten.

Die Umgebung ist dennoch sehenswert und das Seeufer mit dem angrenzenden Wald einen Besuch wert. Zudem lockt die mystische Stimmung, ist doch das rätselhafte Ableben des Märchenkönigs Ludwig II. ganz in der Nähe bis heute ungeklärt – und sein Geist soll hier in der Gegend seitdem sein Unwesen treiben. Die besondere Atmosphäre um das Schloss herum lässt daran wohl keinen Zweifel: Der Märchenkönig ist noch immer spürbar. Wer sich traut, kann im anliegenden Waldstück auf die Spuren von Ludwig gehen – die Votivkapelle (Gedächtniskapelle St. Ludwig) und das See-Kreuz für Ludwig II. König von Bayern erinnern an dessen Tod.

Im Jahr 1640 ließ Hans Georg Hörwarth Schloss Berg im Stil einer italienischen Villa errichten mit einer Gartenanlage direkt am Ufer des Starnberger Sees. 1646 übernahm Kurfürst Ferdinand Maria das Anwesen. Er und seine Nachfolger kümmern sich aber nicht gut um den Erhalt des Schlosses, und auch der Park verwilderte, bis er Jahre später im englischen Landschaftsgartenstil wieder verschönert wurde. Mit dem Einzug

Die Votivkapelle, Gedächtniskapelle St. Ludwig (l.), befindet sich in unmittelbarer Nähe zu Schloss Berg und dem Fundort von Ludwigs Leichnam.

ERLEBNISTIPP

Wer einen Blick auf Schloss Berg werfen möchte, unternimmt am besten eine **Schifffahrt über den Starnberger See**: Die Dampfer der Schiffflotte laden mit großzügigen Sonnendecks, Aussichtsturm und Liegen zum entspannten Cruisen ein. Die wunderschöne Uferkulisse bewundert man so einmal aus einer anderen Perspektive. Die Bayerische Seenschifffahrt gibt Auskünfte über Abfahrtszeiten, Anlegestellen, Preise und Fahrstrecken.

von König Ludwig I. wurde das Innere des Schlosses 1830 vollständig renoviert und auch das Interieur erneuert. Der nachfolgende Bewohner, König Max II., vergrößerte das Grundstück und ließ vier Türme anbauen. Ein eigener Steg gehörte auch zur Veränderung dazu.

Dann erlangte das Schloss für König Ludwig II. eine große Bedeutung, denn er nutzte es als Sommerresidenz. Als man ihn im Jahr 1886 entmündigte, wollte er seinen dauerhaften Wohnsitz dorthin verlegen, doch dazu kam es nicht mehr.

Nach dem Tod des Königs wurde das Schloss zum Museum umgestaltet und 1939 zum Denkmal erklärt. Die Schäden durch den Zweiten Weltkrieg wurden behoben, die Ecktürme jedoch abgerissen. Kurz darauf erwarben die Wittelsbacher das Schloss; seitdem befindet es sich in Privatbesitz.

Aufgrund seines ausufernden Lebensstils und seiner pompösen Schlossbauten häufte König Ludwig II. einen riesigen Schuldenberg an, was zu Streitigkeiten führte, die seine Entmündigung und die Aberkennung der Regierungsfähigkeit zur Folge hatten. Der Psychiater Bernhard von Gudden diagnostizierte eine Form der Geisteskrankheit, die Paranoia, woraufhin Ludwig II. am 09. Juni 1886 durch die Regierung Lutz entmündigt und umgehend auf Schloss Berg

Beim Ausblick auf den Starnberger See (o.) und beim Spaziergang durch den Park (r.) ist die mystische Stimmung deutlich spürbar.

verbracht wurde. Am Abend des 13. Juni 1886 unternahmen Ludwig und der Psychiater von Gudden noch einen gemeinsamen Spaziergang und verließen gegen 18.45 Uhr das Schloss. Um 23 Uhr fand man ihre Leichen am Seeufer. Diese wiesen Verletzungen und Spuren eines möglichen Kampfes auf, doch die offizielle Todesursache lautete: Ertrinken.

Mit dieser Erklärung gab sich jedoch niemand zufrieden, und bis heute ranken sich zahlreiche Spekulationen um den Tod des Märchenkönigs enorm. Immer wieder beschäftigen sich Historiker und Schriftsteller mit dem überraschenden Tod von Ludwig II.: Die Vermutungen reichen vom Selbstmordversuch, der verhindert wurde, über einen Fluchtversuch Ludwigs und ein Abhalten seitens des Psychiaters bis hin zu einem politischen Mordkomplott. Eine große Rolle spielt wohl der Fischer Jakob Lidl: Dieser habe dabei geholfen, die Leichen zu bergen. Er musste einen Schwur ablegen, niemals etwas über die Umstände verlauten zu lassen – dafür wurde er reichlich belohnt und später zum Bürgermeister und Ehrenbürger von Berg. Ob er aber nicht vielleicht doch etwas ausgeplaudert haben könnte, bleibt bis heute ungeklärt. Zumindest soll er von einer Flucht berichtet haben, bei der Ludwig II. erschossen worden sein soll. Aber auch das wurde nie offiziell bestätigt. Der Tod des Märchenkönigs wird wohl für immer ein Rätsel bleiben. Wie sagte Ludwig zehn Jahre vor seinem Tod im Rückblick so treffend: »Ein ewig' Rätsel will ich bleiben mir und anderen.« Das hat er geschafft.

Märchenschloss mit Hungerturm

SCHLOSS EGG

Das märchenhafte Schloss Egg ist im Ortsteil Egg der Gemeinde Bernried im niederbayerischen Landkreis Deggendorf zu finden. Die ehemalige Wasserburg liegt imposant auf einer Anhöhe. 1103 wurde sie zum ersten Mal urkundlich erwähnt. Die damalige Ritterburg war von den Grafen von Bogen bewohnt, deren letzter Ritter 1403 verstarb. Da es keine männlichen Nachkommen gab, wurde die Burg aufgegeben und im Lauf der folgenden Jahre mehrfach verkauft und verpachtet.

Vor etwa 200 Jahren erwarb die Familie Armansperg das Schloss, und der Sohn der Familie, Graf Ludwig von Armansperg, gestaltete das Schloss um. Fortan glänzte es im neugotischen Stil. Die Umbaumaßnahmen des Grafen sind im gesamten Schloss, sowohl innen als auch außen, deutlich zu erkennen und machten den Bau zu einem wahrhaft prachtvollen Märchenschloss. Nach Familie Armansperg folgten noch weitere Besitzer, bis der Fabrikant und Konsul von China Joseph Maximilian Hartl das Schloss im Jahr 1939 erwarb. Bis heute ist Schloss Egg im Besitz seiner Familie, die noch immer auf dem Anwesen lebt.

Ungefähr 160 Treppenstufen führen in den Schlossturm hinauf, dessen Gänge bis zu 70 Zentimeter schmal sind. Hoch oben im Turm ist ein Seilzug angebracht, eine Öffnung befindet sich direkt darunter. Das hat folgenden Grund: Zu früheren Zeiten wurden von den Grafen von Bogen Steuern eingetrieben, und war kein Geld mehr bei den Schuldigern zu holen, wurden sie in das 13 Meter tiefe Loch, ins Verlies, gestoßen. Sollte jedoch doch noch die Möglichkeit bestanden haben, Steuern von den Familien eintreiben zu können, wurden die Schuldigen an einem Seil heruntergelassen und zunächst vom Tod verschont – die Familie konnte die Gefangenen auslösen. Waren sie aber zahlungsunfähig, starben die Steuerschuldner hier im sogenannten Hungerturm.

Als das Schloss in den Besitz der Familie Armansperg kam, wurden der Schlossturm und das Verlies untersucht, und man ließ den Vater der Familie von Armansperg mit einer Kerze in den Turmschacht hinab. Da die Kerze dabei immer wieder erlosch, schlug man am Fuß des Turms ein Loch in

Das Märchenschloss verbirgt so manch dunkle Taten. Einige Menschen, die ins Schloss hineingebracht wurden, kamen nicht mehr lebend heraus.

die Mauer – dort kamen 181 Gebeine zum Vorschein, ein Skelett saß noch gefesselt auf einem Stuhl. Es war wohl eine hohe Anzahl an Todesstrafen, die hier aufgrund von Steuerschulden einst ausgesprochen worden war. Der Turm ist heute noch originalgetreu auf dem Anwesen zu finden, und auch der Seilzug und der Eingang zum Verlies sind zu besichtigen – Mutige können einen Blick hineinwerfen.

Doch das ist noch nicht alles, was Schloss Egg an Gruseligem zu bieten hat. Im Jahr 1403 sollten zwei große Rittergeschlechter vereint werden: Georg, der letzte der Ecker von Eck, und Dorothea von Degenberg sollten, des Friedens wegen, heiraten. Die schöne Dorothea war vor allem für ihre Gefühlskälte und ihre Herrschsucht bekannt, doch war die Sehnsucht nach Frieden in Egg so groß, dass im Herbst 1403 tatsächlich die Hochzeitsglocken auf Schloss Egg läuteten. Den gesamten Tag über lag eine düstere Stimmung über Vermählung, wartete Dorothea doch nur auf die Hochzeitsnacht, um einen durchtriebenen Plan durchführen zu können. Kaum waren die Türen zum Schlafgemach verschlossen, zog Dorothea ihren Dolch und ermordete ihren frischangetrauten Gatten. Sie rannte aus dem Zimmer und wollte durch den Geheimgang nach draußen gelangen, wo sie sich zur Flucht verabredet hatte. Allerdings wurden die Diener auf den Schrei ihres Herren aufmerksam und konnten Dorothea an der Flucht hindern – noch in derselben Nacht wurde sie im Auftrag von Georgs Vater durch das Henkersbeil hingerichtet. Seither wandelt Dorothea an Vollmondnächten im Hochzeitskleid mit ihrem Kopf in den Händen durch den Schlosspark … Jahrzehnte später soll ihre Seele von einem Exorzisten befreit worden sein – doch ist ihre Seele wirklich frei und die Weiße Frau nicht mehr zu sehen oder irrt Dorothea noch immer an Vollmondnächten durch den Park?

Besucher, die sich dennoch über das Schloss informieren und die Räumlichkeiten erkunden wollen, können an einer der Führungen teilnehmen, die einen wunderbaren Einblick in 200 Jahre Schlossgeschichte

Der wunderschön gestaltete Schlosspark (r.) lädt zum Träumen ein. Doch treibt hier noch immer der Geist der Frau im Hochzeitskleid ihr Unwesen?

geben. Spiegelsaal, Trinkstube, Damensalon, Ritter- und Konzertsaal sowie das Schlafzimmer König Max' II. werden dabei besichtigt. Der Turm, die Kapelle, das Archiv und natürlich die Folterkammer können eigenständig begangen werden. Im Übrigen kann man in der Kapelle und im Spiegelsaal auch heiraten, kirchlich wie standesamtlich.

INFO *Im Mai kann Schloss Egg täglich von 10–16 Uhr besichtigt werden. Führungen finden mind. stündlich statt (Dauer ca. 1 Std., letzte Führung: ca. 15.20 Uhr).*

ERLEBNISTIPP

Wem eine Führung durch Schloss Egg nicht ausreicht, der kann im **Schloss-Hotel Egg** übernachten. Das charmante Bed & Breakfast bietet herrliche Zimmer in wunderschöner Umgebung direkt neben dem Eingang des Schlosses und verfügt über eine Terrasse inmitten von Blumen mit einem hervorragenden Blick auf das Schloss. Wer in Vollmondnächten dort ist, kann in der Nacht einen Blick in den Schlosspark werfen – ist die geheimnisvolle Weiße Frau zu sehen?

Die Ruine der Weißen Frau

BURG WEISSENSTEIN

Burg Weißenstein thront in 750 Metern Höhe auf einem weißen Quarzfelsen des Pfahls, in der Nähe der Stadt Regen im Landkreis Regen. Das Naturschutzgebiet Großer Pfahl zieht sich durch den Bayerischen Wald und erreicht hier eine seiner höchsten Stellen. Die Burg wurde um 1100 von den Grafen von Bogen erbaut. Nach deren Ende zogen Ritter, Herzöge und Kurfürsten in die Burg, und während des Dreißigjährigen Kriegs suchten 1633 Schweden Schutz in den Gemäuern. 1740 fiel die Südseite der Burg ein, und auch der restliche Teil wurde 1742 im Erbfolgekrieg zerstört. Nur der Burgturm blieb vollständig verschont und steht mit weiteren Mauerresten bis heute hoch über der Stadt Regen.

Das kastenförmige Gebäude neben der Burg wurde 1762 erbaut. Es diente u. a. als Getreidelager und wurde später vom Schriftsteller Siegfried von Vegesack gekauft. Da ihn das Haus seiner Mittel beraubte, nannte er es »Das fressende Haus«. Im Jahr 1985 wurde das Haus zum Museum im Fressenden Haus umgebaut, das seither zweimal jährlich wechselnde Sonderausstellungen zeigt. Auch das Literaturarchiv von Siegfried von Vegesack sowie eine Schnupftabak-Ausstellung sind hier dauerhaft untergebracht.

Ein Parkplatz befindet sich direkt vor dem Burgaufgang an der Straße. Dort steht auch eine Infotafel, die Aufschluss über die Gebäude, die Burg und die Wege drumherum gibt. Ein Weg führt durch den Gläsernen Wald direkt zum Fressenden Haus, durch das die Besucher zu einer Treppe und über diese hinauf zur Burgruine (und zu einem Folterkäfig) gelangen. Über weitere

ERLEBNISTIPP

Neben dem Gläsernen Wald an der Burgruine bietet die Umgebung noch eine Vielzahl an »gläsernen« Erlebnissen. Ebenfalls am Pfahl findet man in Viechtach die **Gläserne Scheune**, ein besonderes Highlight des Glasmalers Rudolf Schmid: Auf bis zu 10 x 7 m großen bemalten Glaswänden werden grandios Geschichten auf einzigartige Art und Weise erzählt.

Verbergen die Mauerreste den Leichnam einer Frau? Es würde erklären, warum ihre Seele keine Ruhe finden kann und sie sich noch immer zeigt.

Treppen erreicht man den Turm und das Turmdach. Unterwegs erhascht man bereits durch Fenster in der Burgmauer schöne Aussichten, und oben angekommen, wird man dann mit einem atemberaubenden Ausblick auf die Umgebung und den Bayerischen Wald belohnt.

Wieder an der Straße angekommen, kann ein Rundweg genutzt werden, um mehr über die Felsenburg und die Umgebung zu erfahren: Der Burglehrpfad führt einmal um den Quarzfelsen herum. Außerdem ist eine Kapelle zu besichtigen.

Alle zwei Jahre findet ein Ritterspektakel auf dem Gelände der Burg statt, dann erwacht die Vergangenheit zu neuem Leben.

Auch Burg Weißenstein hat Gruseliges zu bieten: Ein Ritter der Burg zog einst in den Krieg und ließ seine schwangere Frau zurück. Sie brachte Siebenlinge zur Welt und wies die Hebamme an, die Kinder im Fluss zu ertränken. Gerade noch rechtzeitig kam der Ritter aus dem Krieg zurück und verhinderte die grausame Tat. Er brachte die Säuglinge zum Kloster Rinchnach, wo sie, ohne Wissen der Mutter, aufwuchsen. Eines Tages kamen die sieben Brüder zurück zur Burg. Der Ritter fragte seine Frau, was sie mit jemandem tun würde, der die eigenen Kinder umbrächte – sie antwortete darauf, dass diese Person lebendig eingemauert werden sollte. Und so geschah es mit ihr. Noch heute wird der Geist dieser Weißen Frau immer wieder auf der Burg gesehen …

INFO *Öffnungszeiten Burg Weißenstein: Mai bis Mitte September täglich 9–16.30 Uhr, Mitte September bis Mitte November nur Sa/So 9–16.30 Uhr. An Regentagen ist die Burg geschlossen.*

Die Geister der Höhenburg

BURG WOLFSEGG

Auf einem Felskegel inmitten der Gemeinde Wolfsegg im Landkreis Regensburg in der Oberpfalz thront Burg Wolfsegg. Wann die Höhenburg erbaut wurde, ist nicht eindeutig belegt, erste Aufzeichnungen erwähnen sie im Jahr 1350. Die im Mauerwerk gefundenen Balken wurden Untersuchungen zufolge auf 1277/1278 datiert. Die wohl ersten Besitzer waren Praun Wolf von Schönleiten und sein mutmaßlicher Sohn Wolfhart. 1358 waren beide Männer bereits verstorben, und die Burg ging an die Töchter von Praun, Margarethe und Katharina, die sie im Jahr 1367 an Ulrich von Laber und seinen Vetter Hadamar verkauften.

Anfang des 15. Jahrhunderts wurde das Obergeschoss erneuert, wahrscheinlich nach einem Brand. So wurde das zuvor verwendete Holz durch Stein ersetzt und in dieser Umbauphase auch der Rittersaal mit mehrfarbigen Rankenmalereien gestaltet.

Inmitten von Wolfsegg steht auf einer Anhöhe die gut erhaltene Burg. Das Museum lädt zur Besichtigung und der Burghof zu Veranstaltungen ein.

Nach dem Tod des Burgherrn von Laber im Jahr 1475 übernahmen die Regelsdorfer und Herren von Eck die Burg. Aus finanzieller Not verpfändet der Sohn, Oswald Eck, 1560 die Burg an Hans III. Thumer. Seinem Sohn wurde 1574 die Burg und die Herrschaft zugesprochen. Darauf folgten Renovierungsarbeiten und räumliche Veränderungen, zudem wurde der Treppenturm aus Backstein erbaut.

Die Burg verlor im Lauf der Jahre ihre Bedeutung als standesgemäßer, wehrhafter Wohnsitz und ging nach weiteren drei Besitzern – mittlerweile baufällig – an die Gemeinde Wolfsegg über. Doch die Burg verfiel auch danach immer weiter – erst durch den neuen Besitzer Georg Rauchenberger fanden große Renovierungsarbeiten statt, die den einstigen Burg-Charme wieder Einzug halten ließen. 1970 wurde das Kuratorium Burg Wolfsegg e. V. gegründet, um den Erhalt der Burg zu sichern und der Öffentlichkeit den Zugang zu ermöglichen. 1986 bis 1989 wurde die Burg instandgesetzt und eröffnet. Im angegliederten Burgmuseum finden Besucher interessante Informationen über die Burg und ihre Geschichte sowie einige Exponate aus vergangenen Zeiten.

In der Burg finden auch immer wieder tierische Bewohner eine Heimat: Vier bis fünf Turmfalken-Paare nisten jährlich in ihren Mauern, zudem sind Mauersegler und Fledermäuse zu beobachten. Etwas ganz Besonderes befindet sich unter der Burg: eine Höhle, deren Zugang allerdings mittlerweile verschlossen ist. Bei ihrer Erforschung und Untersuchung wurden Tiernachweise gefunden wie die Rippe eines Wollnashorns, die Rippe eines jungen Mammuts, ein Hirschgeweih, der Reißzahn eines Wolfs, der Huf eines Rehs sowie der Oberschenkelknochen eines Auerochsens.

Aber nicht nur tierische Überreste fand man in der Höhle, es wurden auch Menschliches entdeckt: die Knochen und der Schädel eines Kindes. Aufzeichnungen, wieso das Kind in der Höhle war, gibt es nicht. Spekulationen zufolge soll das Kind eine Behinderung gehabt haben – dadurch durfte es wohl nicht am gesellschaftlichen Leben teilnehmen und musste in der Höhle verbleiben. Vor einigen Jahren kam ein Untersuchungsteam für paranormale Aktivitäten auf die Burg – es konnte Schwingungen aufnehmen und ein weinendes Kind auf der Kellertreppe hören. Zudem zeigten die Untersuchungen eine Magd in der Küche und einen wütenden Knecht im langen Gang zum hintersten Burgzimmer.

Mehrere Geister treiben hier ihr Unwesen. Ob ein kleiner Junge, der gemeine Knecht oder die Weiße Frau, sie haben sich Geisterjägern bereits gezeigt.

Doch nicht nur das, auch Burg Wolfsegg hat eine Weiße Frau. Der Sage nach soll Burgherr Ulrich von Laaber Ende des 15. Jahrhunderts seine Frau dazu angestiftet haben, dem Inhaber der Nachbarherrschaft schöne Augen zu machen. Sie verliebte sich allerdings in den Rivalen und beging Ehebruch. Ulrich kam dahinter und ermordete seine Frau aus Eifersucht im sogenannten Frauenzimmer – seitdem soll sie schon mehrfach von Burgbesuchern gesehen worden sein. In diesem Frauenzimmer werden auch per Audioaufnahmen Gruselgeschichten erzählt – die Geschichte der Weißen Frau gehört natürlich dazu.

ERLEBNISTIPP

Im Herzen von Bayern gibt es fünf **Burgensteige** von insgesamt ca. 200 km Länge. 44 ehemalige Burgen und Ruinen kann man dabei entdecken, wie z. B. die Burg Wolfsegg sowie die Burgruine Kallmünz auf dem Burgensteig durchs Naabtal. Die herrlichen Landschaften des Regensburger Lands krönen die spannenden Burg-Erkundungstouren, und Ritter Wonnebold zeigt allen Wanderern den richtigen Weg.

INFO *Öffnungszeiten Burg Weißenstein: 01. Mai bis 03. Oktober Sa/So/Feiertage 10–16 Uhr. Am Weg um die Burg herum sind Infotafeln aufgestellt – so können sich Besucher auch außerhalb der Öffnungszeiten über die Burg informieren.*

Bayerische Lost Places

Die Ochsen*kathedrale*

DER SCHLACHTHOF VON BAD KISSINGEN

Der alte Schlachthof in Bad Kissingen wird im Volksmund auch Ochsenkathedrale genannt. Das wunderschöne denkmalgeschützte Gebäude ist mit seinen pompös dekorierten Wänden und Decken als Schlachthof einmalig in Europa. Von 1923 bis 1925 wurde der Satteldachbau nach Plänen des Architekten Josef Hennings erbaut, der seine künstlerische Freiheit voll ausleben konnte und dieses Kunstwerk im Jugendstil gestaltete. Das Grundstück drumherum hat eine Gesamtfläche von 20 000 Quadratmetern und ist derzeit ungenutzt.

Im Jahr 1925 wurde der Betrieb aufgenommen. Die zentrale Halle verbindet die Seitengebäude miteinander. In den Räumen an der Seite befanden sich die Schlacht- und Kühlräume. Bis auf die Eisenschienen, die die Tierhälften transportierten, ist von den früheren Arbeiten nichts mehr zu sehen. Zur damaligen Zeit hatte der Schlachthof eine der besten technischen Ausstattungen, die Kühlanlage der Firma Linda war etwas Besonderes.

Fünf Meter hoch ist die Hallendecke, die mit ihrer Kassettenstruktur ebenso wie die Wände wunderbar gestaltet ist. Die Wände schmücken Keramikplatten, der obere Bereich ist mit Tiermotiven gestaltet. Den Ablauf der Arbeiten konnten Besucher von den beiden Galerien aus beobachten, die hohen Fenster an den Seiten brachten genügend Licht in diesen dunklen Ort. Anhand dieser prächtigen Gestaltung würde

Bei einer Führung durch das wunderschön gestaltete Gebäude (o.), lässt sich nur erahnen, welch Qualen die Tiere hier durchleben mussten.

man nie darauf schließen, dass hier einmal ein Schlachthof zu finden war.

Die damaligen Kosten für den Bau des Schlachthofs waren allerdings mit 2 Millionen Reichsmark nicht unbedingt niedrig. Zum Hauptgebäude gehören noch vier nahezu identische Neben- und zwei Wohngebäude. Im Jahr 2002 hätte eine aufwendige Sanierung nach den europäischen Standards erfolgen müssen, zudem lief der Betrieb nicht mehr kostendeckend. Somit wurde der Schlachthof geschlossen.

Mittlerweile gab es bereits verschiedene Ideen, wie das Gebäude weiterhin genutzt werden könnte, allerdings ist bisher noch keine Veränderung erfolgt. Womöglich sollen hier einmal Bars, Restaurants und Cafés einziehen. Gelegentlich ist der Schlachthof durch eine angebotene Führung zu besichtigen. Des Weiteren zeigt der Film »Die Ochsenkathedrale« von Christian Beyer Sehenswertes über den einstigen Schlachthof.

ERLEBNISTIPP

Die Umgebung von Bad Kissingen bietet eine Vielzahl von Wanderungen, wie z. B. zu den Wichtelhöhlen, zur Ruine Eiringsburg oder zur Burgruine Botenlauben (links). Danach entspannt man am besten in der **KissSalis Therme**. In der Thermenlandschaft gibt es u. a. Massageliegen, ein Soleintensivbecken, einen Pool mit Bad Kissinger Heilwasser und zahlreiche weitere Ruhe- und Entspannungsmöglichkeiten.

Mauerreste tief im Wald

ZUR BURGRUINE UPRODE

Die Burgruine Uprode liegt in einem Waldstück oberhalb von Oppenroth im Landkreis Hof. Im Jahr 1373 wurde sie erstmals urkundlich erwähnt, Schätzungen zufolge wurde sie um 1320 durch die Ritter von Sparneck errichtet. Nach unterschiedlichen Besitzern kam sie 1494 wieder an die von Sparnecks, allerdings wurde sie 1523 durch die Truppen des Schwäbischen Bunds gesprengt und zerfällt seitdem zur Ruine. Doch noch immer können Wanderer und Interessierte Spuren der Sprengung entdecken, denn Trümmerteile liegen in der Umgebung verstreut im Wald. Am Standort der früheren Burg findet man zudem Mauerreste.

Der Ort Oppenroth, 800 Meter unterhalb der Burgruine Uprode, ist von der B 289 leicht zu erreichen. Direkt neben der B 289 befindet sich ein Wanderparkplatz, der sich gut als Ausgangspunkt für eine Wanderung durch die Umgebung oder einen kurzen Spaziergang durch den Wald zur Burgruine hinauf eignet. Holztafeln, auf denen Weisheiten geschrieben stehen, wie z. B. »Dem Betrübten ist jede Blume ein Unkraut. Dem Fröhlichen ist jedes Unkraut eine Blume«, begleiten dabei den Weg. Die kleinen weißen Pfeile mit einer Blume und gelber Spitze zeigen die Richtung an. Der Waldweg ist nicht zu verfehlen, die Beschilderung mehr als ausreichend. Auf Schildern werden zudem die hiesigen Baumarten vorgestellt und erläutert, ebenso erfährt der Wanderer Wissenswertes über die heimische Tierwelt.

ERLEBNISTIPP

Östlich der Burgruine Uprode entdeckt man die **Förmitztalsperre** im Gemeindegebiet Schwarzenbach an der Saale. Die 1977 fertiggestellte Talsperre wird durch die Förmitz und eine Wasserüberleitung aus der Lamitz gespeist. Sie dient der Niedrigwasseraufhöhung der Sächsischen Saale, dem Hochwasserschutz und zur Energieerzeugung. Das Naherholungsgebiet bietet die Möglichkeit zum Spazierengehen, Baden, Segeln, Surfen, Tauchen und Angeln.

Die Burgruine mitten im Wald ist ein beliebtes Wanderziel. Die Mauerreste sind mittlerweile zugewachsen und von einer mystischen Stimmung umgeben.

Nach ungefähr zehn Minuten wird der Weg schmaler und führt noch tiefer in den Tannen- und Kiefernwald hinein. Der Geruch der Nadelbäume liegt in der Luft. Nach weiteren fünf Minuten biegt links ein Trampelpfad ab, der zum Aussichtspunkt »Schöner Ausblick« bringt, wo sich eine Bank zum Rasten anbietet. Wieder zurück am Weg folgt bald eine Infotafel, die über die Burgruine Uprode informiert. Schon hier sind erste Mauerreste zu sehen: Mitten im Wald stehen Mauern und ein Torbogen. Weitere Mauerreste sind auf der gegenüberliegenden Seite zu finden. Durch den Torbogen hindurch gelangt der Besucher ebenfalls zu einer Rastbank.

Die alte Burgruine und die Mauerreste sind vollständig begehbar. Die durch die Sprengung entstandenen Steinbrocken sind in der unmittelbaren Umgebung zu entdecken. Insgesamt dauert der Weg vom Parkplatz bis zur Ruine rund 20 Minuten. Sollten Wanderer einen längeren Weg zurücklegen wollen, kann man von Weißdorf starten genutzt, das etwa 2,5 Kilometer von der Burgruine Uprode entfernt liegt.

Die versteckte *Kapelle*

ZUM ST. GEORGS-TURM

Etwa 25 Autominuten von Augsburg entfernt, im Landkreis Aichach-Friedberg zwischen Klingen und Sielenbach sowie nordöstlich des Schlosses Blumenthal, liegt mitten im Wald die geheimnisvolle Ruine der St.-Georg-Kapelle. Die Überreste der ehemaligen Renaissance-Kapelle sind mittlerweile umzäunt, und das Betreten ist verboten, denn es besteht Einsturzgefahr. Doch bezaubert der märchenhafte Anblick des verlassenen Turms auch von außen jeden Betrachter.

1608 wurde die Kapelle von Caspar von Flachslanden in Auftrag gegeben. Zuvor muss es aber bereits einen Bau an dieser Stelle gegeben haben, darauf weist die Bausubstanz im Unterbau hin, die aus dem 14. Jahrhundert stammt. Im 17. Jahrhundert

wurde die Kapelle erweitert, wie sich aufgrund der Bausubstanz der oberen Ebene vermuten lässt. Zu Beginn des 19. Jahrhunderts wurde die Kapelle dann nicht mehr genutzt und fortan auch nicht mehr gepflegt. Man trug sie teilweise ab, nur der Turm blieb bestehen.

Vom Parkplatz am Schloss sind es nur wenige Minuten bis dorthin. Gegenüber der Schlosseinfahrt führt ein Feldweg in den Wald hinein. Es geht leicht bergan, und auf der linken Seite wird ein kleines Backsteingebäude passiert. Kurze Zeit später entdeckt man auf der rechten Seite die Ruine, umgeben von Bäumen, zu der ein Trampelpfad hinführt.

Der Ausflug zum St.-Georgs-Turm kann gut mit Wanderungen in der Umgebung oder auch mit einem Besuch von Schloss Blumenthal kombiniert werden. Dieses wurde zwischen 1568 und 1622 erbaut; eine eigene Schlossbrauerei kam 1582 hinzu. Das Schloss hat eine besondere Geschichte, diente es doch den Fuggern zwischenzeitlich als Wohnsitz. Ab 1950 wurde es als Fuggersches Altersheim genutzt. Im Jahr 2006 übernahmen acht Familien das Gebäude und das Gelände; sie wollten ein ökologisches und gemeinschaftliches Wohn- und Lebensprojekt etablieren. Bis heute wurde das Schloss mehrfach umgebaut, verkleinert und wieder erweitert. Mittlerweile gehören eine Gastronomie und ein Hotel zur Schlossanlage.

Unweit vom Schloss Blumenthal (l.) liegt die Ruine der St.-Georg-Kapelle (r.). Versteckt im Wald, hat sie ihren Platz inmitten der Bäume gefunden.

ERLEBNISTIPP

Jim Knopf, Kasperl und Urmel: Augsburg ist bekannt für seine **Augsburger Puppenkiste**, und wer die Stadt in der Nähe des St.-Georgs-Turms besichtigt, sollte dies unbedingt mit einem Besuch des Marionettentheaters verbinden. Die Aufführungen sowie das angeschlossene Museum lassen die Herzen aller Besucher höherschlagen und Kindheitserinnerungen wach werden – es gibt wohl niemanden, der das Gebäude nicht mit einem Lächeln auf den Lippen wieder verlässt.

Der vergessene Bahnhof

MÜNCHENS OLYMPISCHER GEISTERBAHNHOF

Der Geisterbahnhof in München ist eine ehemalige S-Bahnstation, die 1972 für die Olympischen Sommerspiele erbaut wurde. Die S-Bahnen beförderten damals die Menschenmassen zur Haltestelle Olympiapark. Allerdings wurde die Bahnstrecke nach den Olympischen Spielen kaum noch genutzt, nur gelegentlich wurde der Bahnhof an Tagen von Fußballspielen oder Großveranstaltungen angefahren. Nach einem tragischen Unfall, bei dem spielende Kinder ums Leben kamen, legte man den Bahnhof im Jahr 1988 endgültig still – seitdem sind das 6,7 Hektar große Gelände und das Bahnhofsgebäude unberührt und verfallen. Der Bahnhof steht mittlerweile unter Denkmalschutz. Bauzäune umgeben das Gelände, der Zutritt ist verboten.

Der Bahnhof sollte eigentlich mit ins »Transrapid München«-Projekt miteinbezogen werden, allerdings wurde dieses Projekt im Jahr 2008 eingestellt. 2011 kaufte die Stadt München das Gebiet von der Deutschen Bahn und plant seither große Umbaumaßnahmen: Das Radwegenetz soll ausgebaut und verbessert werden und eine Schneise in Richtung der nördlich gelegenen Seen sowie Veranstaltungsflächen, Skateparks und ein Biotop entstehen.

Der Bahnhof bestand aus zwei Mittelbahnsteigen und vier Gleisen. Mittlerweile hat sich die Natur ihren Platz zurücker-

Nach und nach holt sich die Natur ihren Platz zurück. Der verlassene Bahnhof zeigt sich als Kunstwerk inmitten von München.

obert, das Gebäude und die Gleise sind mit Pflanzen überwuchert. Das Gleisbett ist kaum noch zu erkennen, und auch vom Stellwerk sind nur noch Reste vorhanden. Street-Art-Künstler haben sich auf den Wänden verewigt und die Mauern in Kunstwerke verwandelt. Auch für Fotografen ist dieser Lost Place ein beliebter Foto-Spot.

Der Geisterbahnhof von München ist gut zu erreichen. Er liegt in der Riesstraße. Parkmöglichkeiten stehen in der Umgebung zur Verfügung, und auch die Anreise mit öffentlichen Verkehrsmitteln ist problemlos möglich.

ERLEBNISTIPP

Vom Geisterbahnhof sind es rund 20 Minuten zu Fuß bis in die **Münchner Altstadt**, durch die sich ein wunderschöner geschichtsträchtiger Spaziergang anbietet. Der Englische Garten, die Residenz, das Hofbräuhaus, der Marienplatz, die Frauenkirche und das Glockenbachviertel gehören zu den beliebtesten Sehenswürdigkeiten in Bayerns Landeshauptstadt, die alljährlich Millionen Besucher aus aller Welt anzieht, und das nicht nur zur Oktoberfest-Zeit.

Kurioses Bauwerk im Wald

DAS FLASCHENHAUS

Dieses besondere Gebäude ist wohl eines der kuriosesten der Welt. Illegal in den 1970er-Jahren errichtet, besteht das Flaschenhaus (nomen est omen) hauptsächlich aus verschiedenen Glasflaschen wie Wein- oder Schnapsflaschen. Wie der damalige Besitzer das Haus mitten im Wald erbaut und fertiggestellt hat, bleibt wohl für immer ein Rätsel – schon zu seinen Lebzeiten gab es keine Antwort auf diese Frage. Das Haus verfügte sogar über fließendes Wasser, und es wurde über einen Generator mit Strom versorgt. Einzig Beton hält die Böden zusammen, jede Außenmau-

er und Innenwand besteht aus Glasflaschen, die mit Zement verbunden sind. Die Flaschen sind nahezu perfekt angeordnet. Im Haus gibt es ein Waschbecken, eine Dusche und eine Toilette.

Aufgrund von Vandalismus wurde das Haus mittlerweile umzäunt. Unbekannte verschaffen sich dennoch immer wieder Zugang zum Gebäude. Aber ein Blick von außen ist vollkommen ausreichend: Vom Zaun aus kann das in der Sonne strahlende Gebäude ebenfalls ausgiebig bestaunt werden.

Der Wanderparkplatz Spiesberg ist ein guter Ausgangspunkt für eine kurze Wanderung: Ungefähr 25 Minuten benötigt man von dort zum Flaschenhaus. Einen näheren Parkplatz gibt es nicht, und die Wege sind nur für forst- und landwirtschaftliche Fahrzeuge freigegeben. Von Spiesberg geht es auf dem breiten Wanderweg den Berg hinauf in den Wald, wo es verschiedene Wegvarianten zu diesem ganz speziellen Lost Place gibt – wer den einfachsten Zugang sucht, bleibt einfach auf dem Weg »Zum Steinbrunnen«, der in Spiesberg startet, und folgt ihm rund 1,5 Kilometer. Nach etwa 20 Minuten den Hügeln hinauf und hinunter entdeckt man auf der rechten Seite einen schmalen Trampelpfad. Wenige Meter dahinter folgt ein zweiter, der den Berg hinauf und durch den Wald bis zum Flaschenhaus führt. Nach der Hälfte des steilen Weges ist dieses bereits zwischen den Bäumen zu erkennen.

Das aus unzähligen Flaschen erbaute Gebäude mitten im Wald ist faszinierend und mysteriös zugleich. Bis heute gibt das Flaschenhaus Rätsel auf.

ERLEBNISTIPP

Wer durch das Flaschenhaus dazu inspiriert wurde, selbst mit seinen Händen etwas zu gestalten, kann dies in Lichtenfels umsetzen: Dort gibt verschiedene Möglichkeiten, Körbe herzustellen. Zudem kann das **Deutsche Korbmuseum** besucht werden, das eine Sammlung unterschiedlicher Körbe, Techniken und Materialien zeigt. Und in den »Lebenden Werkstätten« finden Vorführungen statt, in denen Korbflechter ihre Künste zeigen.

Ausgefallene Übernachtungsmöglichkeiten

Rast *im Knast*

DAS HOTEL FRONFESTE IN AMBERG

Im Knasthotel Fronfeste in Amberg im Herzen der Oberpfalz erlebt man eine wahre Zeitreise. Mit 1000 Jahren Stadtgeschichte und über 300 Jahren Gefängnisgeschichte erwartet die Besucher ein spannendes und aufregendes Abenteuer. Man taucht in die damalige Welt ein und verbringt mal eine Weile hinter Gittern und Zellentüren, die Geschichten aus längst vergangenen Zeiten erzählen. Im Hotel Fronfeste erwartet die Gäste eine Mischung aus Zeitalter und hochwertiger, origineller Ausstattung für den gehobenen »Schlafvollzug«. Das wohl älteste Gefängnishotel der Welt öffnet seine Pforten für Erlebnissuchende und fasziniert mit einem außergewöhnlichen Konzept und spannenden Geschichten.

Die Altstadt von Amberg hat eine fast vollkommen erhaltene Ringmauer. Die zweireihige Stadtmauer ist mit ihren fast 100 Türmen und drei Kilometern Länge ein geschichtsträchtiges Bauwerk. Auch die Fronfeste gehört zu dieser Geschichte. Das nördliche Lagerhaus ragte mit dem hinteren Gebäudeteil bis in den Stadtgraben hinein. So wie die Stadt wuchs auch die Kriminalität, und mit der Zeit wurde für die vom Scharfrichter aufgegriffenen Personen ein sicherer Verwahrungsort benötigt. Es dauerte noch mehrere Jahre, bis man das Lagerhaus umfunktionierte und 1699 den »Betrieb« aufnahm. Zur damaligen Zeit befanden sich sieben Gefängniszellen, eine Folterkammer und die Wohnung des Angestellten in diesem Gebäude. Im Unterschied zu gewöhnlichen Gefängnissen hatte die Fronfeste auch eine Folterkammer.

Das Wasser aus dem Stadtgraben beschädigte das Gebäude einst aber so sehr, dass es an der Südseite einbrach und die Gefangenen fliehen konnten. Es dauerte vier Jahre, bis es saniert und mit einem Anbau wieder errichtet wurde. Im 18. Jahrhundert wurden in der Fronfeste fast alle schweren Kriminalfälle der Oberpfalz »behandelt«. Anfang des 19. Jahrhunderts wurde das Untersuchungsgefängnis auch für Gerichtsverhandlungen genutzt. Die Zahl der Gefangenen nahm rasant zu, Verpflegung und Grundversorgung konnten nicht mehr gewährleistet werden. 1862

Amberg bietet bis zu 1000 Jahre Stadtgeschichte und im Hotel Fronfeste werden davon 300 Jahre Gefängnisgeschichte hautnah miterlebt.

Das aufwendig umgestaltete Gefängnis Hotel bietet Übernachtungsgästen ein spannendes aufregendes Erlebnis hinter Gittern.

wurde die Öffentlichkeit von Hinrichtungen ausgeschlossen und die Zwingermauer aufgestockt. Anfang des 20. Jahrhunderts fand eine Renovierung statt, die die Haftbedingungen allerdings nicht verbesserte – es waren einfach zu viele Delinquenten hier untergebracht: Für 70 Insassen gab es nur eine Toilette. 1966, nach 267 Jahren, wurde die Fronfeste endgültig geschlossen.

Nachdem es kurzzeitig als Lager für Lampen und Antiquitäten diente, war das Gebäude in der Folgezeit verlassen und ungenutzt. 40 Jahre nach der Schließung entdeckten jedoch zwei Unternehmer das Gebäude und kamen auf die Idee, die Geschichte des alten Gefängnisses wieder aufleben zu lassen und erlebbar zu machen. Es nahm viel Zeit und Mühe in Anspruch, um allen Anforderungen gerecht zu werden, doch 2013 war es so weit und dieser einzigartige »Schlafvollzug« konnte eröffnet werden. Das denkmalgeschützte Gebäude hat seinen (morbiden) Charme von damals nicht verloren, wurde aber den heutigen Maßgaben entsprechend komfortabel ausgestattet. So verwundert es nicht, dass das Gefängnishotel u. a. mit dem Denkmalpreis ausgezeichnet wurde.

Neben unvergesslichen Nächten bei Wasser und Brot kann man in der Fronfeste auch noch weitere spannende und faszinierende Aktivitäten erleben: Es gibt einen Escape Room mit verschiedenen Events, ein Whisky Tasting »im Kreise des Vollzugs«, und auch als Brautpaar kann man gemeinsam »einsitzen«. Zudem werden themenbezogene Stadtführungen angeboten.

ADRESSE *Hotel Fronfeste, Fronfestgasse 8, 92224 Amberg, hotel-fronfeste.de*

KIT(T)CHEN

Übernachten *in der Felswand*

WALDSEILGARTEN HÖLLSCHLUCHT

Im Waldseilgarten Höllschlucht bietet sich eine einzigartige Möglichkeit: freischwebend zu schlafen. Dazu kann man zwischen verschiedenen Varianten wählen. Geschlafen wird in Portaledges, quasi einem Schwebebett, das entweder an den dicken Ästen freistehender großer Bäume vor der Bergkulisse Pfrontens hängt.

Und dann gibt es für die wagemutigeren Schläfer auch noch die zweite Variante: in einer senkrechten bis überhängenden Felswand nach Manier der Bigwall-Bezwinger zu nächtigen (Bigwalls sind riesige Felswände mit 1000–2000 m Wandhöhe, bei deren Durchsteigung zwangsläufig Biwaks in der Vertikalen nötig werden). In der Region gibt es genügend steile Felswände von 100–300 Metern Höhe, in denen das »Bett« auch ausreichend von unten belüftet wird. Auf- und Abstieg sind nur mit einer Seilhilfe möglich. Beginn ist um 14 Uhr, es werden zwei bis drei Stunden Zeit für die Begehung benötigt.

Buchungen für alle Schlafmöglichkeiten werden für Mitte Mai bis Mitte September entgegengenommen. Die Teilnehmerzahl pro Portaledge ist naturgemäß beschränkt: bei der Baumübernachtung auf 2–6 Personen, in der Felswand auf maximal 2 Personen.

Wer die Nacht frei hängend erleben will, ist hier in der Höllschlucht genau richtig. In schwindelerregender Höhe wird man hier in den Schlaf gewogen.

Für alle Angebote gelten folgende Leistungen: Eintritt Waldseilgarten, Portaledges, Schlafsack auf Wunsch, Isomatte, komplette Ausrüstung, Kocher, Seile, Gurte, Helm usw., Einweisung im Waldseilgarten in die nötige Kletter- und Seiltechnik zum Auf- und Absteigen per Seil ins »Bett«, staatlich geprüfte Berg- und Skiführer oder geprüfte Ropes-Course-Trainer. Zudem gibt es eine Verpflegung aus Abendessen und Frühstück (regionale Produkte aus der Direktvermarktung) vor Ort sowie warme oder kalte Getränke. Mitzubringen sind persönliche Sachen, warme und bequeme Kleidung und eventuell nach Bedarf auch ein Hüttenschlafsack.

Voraussetzungen für diese außergewöhnlichen Übernachtungsmöglichkeiten sind eine ausreichende körperliche Fitness und keine gesundheitlichen Einschränkungen. Vorkenntnisse im Klettern sind nicht erforderlich, aber die Begeisterung, sich auf etwas Neues einzulassen und die Bereitschaft, kurze Zeit auf den gewohnten Komfort zu verzichten, sollten vorhanden sein.

Zusätzlich gibt es noch weitere attraktive Angebote, wie z. B. das Schlafen im selbst gebauten Iglu, Skitouren, Skihochtouren, Ausbildungskurse, Canyoning und Klettern.

ADRESSE *Waldseilgarten Höllschlucht*
Bürgermeister-Franz-Keller-Straße 14
87459 Pfronten-Kappel
waldseilgarten-hoellschlucht.de

Schnarchen *im Schlaffass*

CAMPINGPLATZ PILSENSEE

Sie lieben Bayern als Urlaubsland? Suchen Erholung und Erlebnis? Entspannung und Bewegung? Kultur und fröhliche Feste? Städtetrips und Bergidylle? Dann sind Sie auf dem Campingplatz Pilsensee genau richtig! Die Stadt München ist ganz in der Nähe, das Fünf-Seen-Land lockt in der Umgebung mit herrlichen Outdoor-Highlights, und im nahen Schloss Seefeld erfreuen sich Kulturinteressierte.

Der Campingplatz Pilsensee hat eine Flächengröße von ungefähr zehn Hektar. Es gibt 150 Stellplätze (touristisch) und in etwa 300 Stellplätze für Dauercamper. Auf dem Campingplatz befinden sich 22 Mietunterkünfte, dazu zählen Mobilheime, Schlaffässer und ein Jagdhäuschen.

Apropos Schlaffässer: Diese besonderen Übernachtungsmöglichkeiten stehen direkt an der schönen Liegewiese und gewähren einen herrlichen Blick über den Pilsensee hinüber zu den Alpen. Die liebevoll eingerichteten Schlaffässer sind ein unvergessliches Erlebnis für Jung und Alt. Der Duft

nach Holz und die unvergleichliche Atmosphäre schaffen Ruhe und zaubern Gemütlichkeit. Die Schlaffässer bieten jeweils Platz für vier Gäste. Weiteres Highlight: Sie sind beheizbar, sodass es wohlig warm wird und damit auch einem Aufenthalt an kälteren Tagen nichts im Wege steht.

Insgesamt stehen 14 Einheiten zur Verfügung: sechs große Schlaffässer (Schlaffass XXL) und acht kleinere Campingfässer (Schlaffass Standard). Zwei Fässer sind sogar mit Kühlschränken ausgestattet.

Und wer es ganz außergewöhnlich haben will, der übernachtet im Jagdhäuschen, das ausschließlich aus Holz gefertigt und ein Unikat auf dem Campingplatz ist. Bis zu d rei Personen finden darin Platz, denn das Jagdhäuschen verfügt über ein Doppelbett und ein Etagenbett. Kühlschrank, Decken-Infrarotheizung und »Pirschplatz« mit Sitzgelegenheit und Sonnenschutz im Freien vervollständigen den Schlafgenuss. Und: Seit 2024 gibt es nebenan einen Jägersitz, damit man seinen Morgenkaffee oder am Abend den Aperol mit Blick über den Pilsensee genießen kann – Camperherz, was willst du mehr!

Die unglaubliche Ruhe genießen, im Schlaffass einschlafen, mit Blick auf den Pilsensee aufstehen, all das finden Übernachtungsgäste genau hier.

ADRESSE *Campingplatz Pilsensee*
Am Pilsensee 2, 82229 Seefeld
camping-pilsensee.de
Nebensaison: 15. März – 25. April und
7. Oktober – 30. November
Hauptsaison: 26. April – 6. Oktober

Moby Dick

Ankerplatz im Baum

BAUMSCHIFFHOTEL AM WALDBAD

Alexandra und ihr Mann Jan haben in Bad Rodach in der Urlaubsregion Coburg etwas ganz Besonderes erschaffen: das Baumschiffhotel am Waldbad. Von ihren Reisen brachten die beiden viele wunderbare Ideen mit. Schon immer waren sie begeistert von Baumhäusern und besuchten drei Baumhaushotels zur Probe. Allerdings war schnell klar: Wenn sie die Idee eines eigenen Hotels umsetzen, dann muss es etwas Außergewöhnliches sein, irgendetwas, das es so noch nicht gibt. Wie Schiffe mitten im Wald …

Schiffe können zwar nicht in Bäume gehängt, aber sie können auf Stelzen gestellt werden – das Baumschiffhotel war geboren, es fehlte nur noch der passende Ort. Dieser wurde mithilfe des örtlichen Bürgermeisters gefunden: Die Entscheidung fiel auf den Campingplatz am Waldbad. Nomen est omen liegt der Badesee direkt am Platz, was dem gesamten Ort mit seiner besonderen Atmosphäre noch zusätzlichen Charme verleiht. Alexandra nennt ihn einfach den »good vibrations place«.

Wer auf einem Schiff übernachten möchte, muss dafür nicht aufs Wasser. Hier sind Übernachtungen möglich, auch ohne seekrank zu werden.

Es gibt zwei unterschiedliche Baumschiffe, die ihre eigenen Geschichten mitbringen und von Alexandra und Jan sorgfältig ausgewählt wurden. »Nautilus« (für bis zu 2 Personen) kommt aus Holland und schipperte dort einst über die Kanäle. »Moby Dick« (für bis zu 4 Personen) stand in Fulda: Einst ein Rettungsboot in Amerika, wurde es später zu einer Segelyacht umgebaut und ist mittlerweile 100 Jahre alt. Für das Betreiberpaar war es Liebe auf den ersten Blick.

Die Schiffe wurden mit einem Tieflader zum Campingplatz transportiert, mit einem Kran über die Bäume gehoben und genau platziert. Alsdann wurden sie ausgebaut und einladend und schick hergerichtet – das maritime Flair war im Wald angekommen!

Im Baumschiff-Urlaub inklusive sind Bettwäsche, Handtücher, Parkplatz, Eintritt ins Waldbad, Endreinigung und Nebenkosten. Zusätzlich zu den Baumschiffen gibt es zum Übernachten auch noch Stelzenhäuser und Glampingzelte.

ADRESSE *Baumschiffhotel am Waldbad*
Campingplatz am Waldbad
Heldburgerstraße
96476 Bad Rodach
baumschiffhotel.de

Eiskaltes Vergnügen

DIE IGLU LODGE AM NEBELHORN

Unmengen an »weißem Gold« sind nötig, um unterhalb des 2224 Meter hohen Nebelhorngipfels ein Domizil aus Eis und Schnee für bis zu 58 Personen zu schaffen – die Iglu Lodge, ein Übernachtungserlebnis der Extraklasse bei Temperaturen um den Gefrierpunkt! Einfach mal raus aus dem Alltag, ein besonderes Naturerlebnis oder der möglichst intensive Kontakt mit dem Allgäuer Winter – die Motivation für eine Übernachtung im höchst gelegenen Allgäuer Hotel ist vielfältig. Bewusst bauen die Initiatoren mehr als die klassischen Schlaf-Iglus: Auf einer separaten Ebene befinden sich ein Bar-, ein Chill-out- und ein Restaurant-Iglu, die für Übernachtungen oder Firmenevents genutzt werden können. Für die besondere Atmosphäre in der Herberge aus Eis und Schnee sorgen Künstler wie Steinmetze und Bildhauer aus der Region. Sie setzen das jährlich wechselnde Motto im Inneren der Iglus in Form von Skulpturen und Eisschnitzereien um.

Eine besondere Attraktion sind die Fass-Saunen. Im Iglu-Restaurant wird Käsefondue serviert, natürlich mit echtem Allgäuer Käse, und der anschließende Absacker an der Iglu-Bar ist automatisch eisgekühlt. Vor dem Schlafengehen empfiehlt sich ein Blick in den Nachthimmel, denn in fast 2000 Metern Höhe sind die sonst störenden Lichtquellen der Städte weit weg, und der Sternenhimmel ist entsprechend noch prächtiger. Tagsüber ist die

Einschlafen und Aufwachen, umgeben vom ewigen Eis? Dieser Traum wird am Nebelhorn wahr. Es ist gar nicht so kalt, wie man denkt.

Aussicht nicht weniger beeindruckend: Bei klarer Sicht kann man vom Nebelhorn aus mehr als 400 Alpengipfel erkennen.

Perfekt für Paare ist die Kategorie »Iglu Romantik«, und für Familien und Freundesgruppen werden die »Iglu Träume« wahr. Als Besonderheit gibt es jede Saison auch noch eine »Iglu Suite«: Sie verfügt über einen Tisch aus Eis und eine bequeme Couch – und nicht zuletzt über einen privaten Hot-Tub, der den Suite-Gästen exklusiv zur Verfügung steht.

Prima Klima: Lauf den Übernachtungsgästen ist es »in den Iglus nicht so kalt, wie ich erwartet habe«. Das liegt natürlich auch an der Ausstattung: Auf den Schneebetten liegen neben einer Isolierschicht echte Nordland-Rentierfelle, und die warmen Expeditionsschlafsäcke würden auch im Himalaya gute Dienste leisten. Zur Erfrischung am Morgen bringen die Guides jedem Gast einen warmen Tee an den Schlafsack. Danach geht es ins nahe gelegene Marktrestaurant Höfatsblick zu einem herzhaften Frühstück.

Die Iglu Lodge ist mit der Nebelhornbahn von Oberstdorf aus zu erreichen. Es gibt Iglus für zwei und vier Personen sowie die exklusive Iglu-Suite (2 Personen). Professionelle Iglu-Guides sind während des gesamten Aufenthalts als Ansprechpartner vor Ort. Die Iglu Lodge wird jedes Jahr ab Mitte Dezember aufgebaut und empfängt ihre Gäste vom 27. Dezember bis Ende März.

ADRESSE *Iglu Lodge, Nebelhorn 1 87561 Oberstdorf, iglu-lodge.de*

Unter Sternen in der Fichtel-Jurte

JURTEN-FERIEN IM FICHTELGEBIRGE

Manchmal brauchen wir einfach eine Auszeit, ein kleines Abenteuer ganz weit weg vom Alltag. Zeit, um wieder mal tief durchzuatmen, Zeit für sich allein oder mit seinen Liebsten. Zeit in der Natur, um den Sternenhimmel zu bestaunen, innere Ruhe zu erfahren und einfach »da zu sein«. Im Fichtelgebirge wurde ein ganz besonderer Ort geschaffen, wo Gelassenheit, Fröhlichkeit und Harmonie vorherrschen. Die Unterkünfte befinden sich im wald- und gesteinsreichen Fichtelgebirge im Nordosten Bayerns, in einem ruhigen Dorf am Eingang zum verträumten und wildromantischen Wellertal.

Die vielseitigen Unterkünfte haben alle für sich etwas Einzigartiges. Ob in der Jurte, im POD, in der Bubble unter freiem Himmel oder in einer gemütlichen Ferienwohnung: Die Verbindung zur Natur wird überall deutlich spürbar. Es kann auch mit dem eigenen Wohnmobil oder Wohnwagen angereist werden.

Etwas ganz Besonderes ist die wunderschöne Fichtel-Jurte mit Plexiglaskuppel

und Panorama-Fenstern, die einen direkten Blick in den Sternenhimmel bieten. Der offene und runde Jurten-Raum (35 Quadratmeter) strahlt eine einmalige Atmosphäre aus. Die Jurte verfügt über eine einfache, gut ausgestattete Kochgelegenheit und einen Esstisch mit Ausblick ins Grüne. Ein großes gemütliches Doppelbett mit Blick in den Sonnenuntergangs- und Nachthimmel lädt zum Träumen ein. Die Jurte bietet Platz für bis zu sechs Personen.

Um die Jurte herum leben auch ein paar tierische Mitbewohner wie Hühner, Hasen und zwei Pferde. Im Garten steht eine Wellfire-Outdoorküche zum Grillen, Kochen und Backen zur Verfügung. Eine kleine Feuerschale, eine Sitzgruppe und eine Hollywoodschaukel sorgen für einen gemütlichen Aufenthalt vor der Jurte. Eine einfache Trockentrenn-Toilette befindet sich direkt neben der Jurte, eine Dusche und ein Waschbecken mit fließendem Trinkwasser stehen im rund 30 Meter entfernten Gästebad zur Verfügung. Im Service inbegriffen sind Kaffee und Tee und Handtücher. Zugebucht werden können Bettwäsche, Brennholz, Hot-Tub, Freiluft-Sauna und die Endreinigung.

Weitere Highlights am Platz sind die Fichtel-Bubble, ein Himmelbett der besonderen Art, und der Fichtel-POD, eine Iglu-ähnliche Holzhütte. Eine Ferienwohnung und ein Wohnmobilstellplatz runden das Angebot ab.

Einschlafen mit Blick in den Sternenhimmel. Das ist hier im wunderschönen Fichtelgebirge möglich. Die Fichtel-Jurten bieten ein naturnahes Erlebnis.

ADRESSE *Jurten-Ferien*
Thiersteiner Straße 29
95691 Neuhaus an der Eger
jurten-ferien.de

Glamping unter Apfelbäumen

IM 1. FRÄNK.-BAYER. SCHÄFERWAGENHOTEL

Das Schäferwagenhotel liegt zwischen der Bayerischen Rhön und dem Fuß der Haßberge im kleinen Örtchen Leinach, einem Ortsteil von Sulzfeld. Inmitten von ca. 50 Obstbäumen, zwischen Hecken und blühenden Sträuchern können die Gäste hier die Seele baumeln lassen. Die wunderschöne Natur lädt zu einer entspannten Auszeit ein, zum Durchzuatmen, die Ruhe genießen und einfach mal dem Gesang der Vögel zu lauschen.

Wer zusätzlich zur Entspannung noch spannende Erlebnisse sucht, wird hier ebenso fündig. Die abwechslungsreiche Gegend ist für ihre wunderschönen Rad- und Wanderwege bekannt. Aber nicht nur das, in der Umgebung gibt es viel Sehenswertes und Spannendes zu entdecken. Ob Klettern, Golfen, Bowling, Kartfahren oder mit einem Alpaka spazieren gehen: Für jeden ist die passende Aktivität mit dabei.

Außergewöhnliche Attraktion des 1. Fränkischen-Bayerischen Schäferwagenhotels: die Baumbetten und Baumhäuser, eine glamouröse, gar märchenhafte Variante des Campings – das Glamping. Ob im Hexen- oder im Koboldbaumbett, im Elfen- und Feen- oder im Eulenbaumhaus: Hier träumt man ganz einfach näher am Himmel und geht mit Vögeln und Eichhörnchen zu Bett. Durch eine Art Beduinenzelt sind die Betten dabei vor neugierigen Blicken geschützt, während aus den angrenzenden

Einfach mal durchatmen und die Ruhe genießen. Wer die absolute Entspannung sucht, wird hier beim außergewöhnlichen Glamping-Erlebnis fündig.

Wäldern Eulen, Waldkäuze, Rehböcke und im Herbst sogar Hirschrufe zu hören sind.

Weiteres Highlight: die Schäferwagen, von denen fünf für maximal zwei Personen und drei für zwei Erwachsene und zwei Kinder zur Verfügung stehen – und das mitten unter blühenden Apfelbäumen, ein Traum! Die Schäferwagen verfügen über verschiebbare Betten, Tische und Sitzmöglichkeiten, und auch die kalten Jahreszeiten muss niemand fürchten: Dafür ist extra eine Elektroheizung installiert.

Für das komplette Glamping-Erlebnis stehen Feuerstellen zum Grillen und fürs Lagerfeuer bereit. Außerdem kann man die Schäferwagen-Sauna und den Swimmingpool nutzen. Des Weiteren gibt es auch noch eine kleine Ferienwohnung zum Mieten, die Jennerweinkammer mit einem Doppelbett und zwei Einzelbetten.

Fürs Abenteuer außerhalb des Schäferwagenhotels kann man an Alpaka-Wanderungen, Ziegentrekkings und einer Escape-Tour (»Auf den Spuren der Kelten«) teilnehmen. Zur gemütlichen Einkehr laden in der Nähe Gasthäuser ein.

ADRESSE

1. fränk.-bayer. Schäferwagenhotel
Oberlauringer Straße 22
97633 Sulzfeld, OT Leinach
schaeferwagenhotel.de

REGISTER

BILDNACHWEIS

Alle Bilder stammen von der Autorin **Janina Stiefel,** außer:

Shutterstock: S. 6 (RudiErnst); 15 (Marrilena); 26 (Wirestock Creators); 29 u. (Scirocco340); 34 (nnattalii); 37, 98 (FooTToo); 71 (manfredxy); 72 (Frank Lambert); 73 (tschuetz); 75 o. (seka33); 75 u. (Christina Fink); 77 (Max. T); 78 (Simon Dannhauer); 80 (streetflash); 81 (Nuria Kreuser); 86 (Andreas Wolochow); 99 o. (Sjors Gijsbers); 99 u. (SusaZoom);

Lookphotos: S. 40 o., 42, 43 (Werner, Florian); 40 u. (Jalag / Becker, Petra); 162 (Najak, D.);

Andere: S. 20, 21, 22, 23 (Alte Mainmühle, Würzburg); 32, 35 (Brauerei zum Kuchlbauer GmbH & Co. KG); 47, 48, 49 (Förderkreis Tanzlinde Peesten); 66, 68, 69 (Stadt Nürnberg); 85, 87 (Klaus Beer, Fernweh-Park); 89 (Kur und Tourist Information Bischofsgruen); 91 (Finest Escape Rooms Nürnberg); 93 (Skywalk Allgäu gemeinnützige GmbH); 95 (WaldWipfelWeg); 97 (Zugspitz Arena Bayern-Tirol); 100, 101 (Bauerngolf Samerberg); 103 (Stadt Hirschau); 106, 108, 109 (Dackelmuseum Regensburg, Josef Küblbeck, Oliver Storz); 111, 112, 113 (Vulkanerlebnis Parkstein); 114, 116, 117 (Käthe-Kruse-Puppen-Museum, Donauwörth); 119, 120, 121 (Deutsches Hutmuseum Lindenberg); 122, 124, 125 (Deutsches Knopfmuseum Bärnau); 127 (Zündholzmuseum Grafenwiesen); 128, 130, 131 (Christl Hirner, Besenwelten); 133, 134, 135 (Mittelalterliches Kriminalmuseum, Rothenburg ob der Tauber); 139, 140, 141 (Pfarrei Waldsassen); 151, 152, 153 (Schloss Egg); 155 (Burg Weissenstein, Tourist-Information Regen); 156, 158, 159 (Burg Wolfsegg); 163 (Sigismund von Dobschütz/Wikimedia Commons); 166 (H.Helmlechner/Wikimedia Commons); 174 o. l. (Gerald Stelzer) ; 174 o. r., 176 (Marcus Rebmann); 174 u. (Thore Rehbach); 177 o. (Michaela Auer), 177 u. (Stefan Breunig); 178, 179 (Waldseilgarten Höllschlucht); 180, 181 (Campingplatz Pilsensee); 182 (Baumschiffhotel am Waldbad GmbH; Jan und Alexandra Schenkel); 184, 185 (Iglu-Lodge, Oberstdorf); 186, 187 (Sven Klug, Jurte-Ferien); 188, 189 (1. fränk.-bayer. Schäferwagenhotel).

Alle Pictos im Buch stammen von Huber Kartographie GmbH, Janina Götting.

Die Bilder der Burg Burghausen (S. 16, 18) wurden mit freundlicher Genehmigung der Bayerischen Schlösserverwaltung verwendet.

DIE AUTORIN

Janina Stiefel aus Dortmund hat schon im Grundschulalter Geschichten geschrieben und diese Leidenschaft im Laufe ihres Lebens nicht verloren. Seit 2023 präsentiert sie ihre Texte auf ihrem Reiseblog, veröffentlichte ihren ersten Artikel in einem Reisemagazin und gestaltete ihr erstes Buch. Janina liebt es, die Welt und besondere Orte zu erkunden. Sie ist immer auf der Suche nach neuen aufregenden Abenteuern.

IMPRESSUM

Verantwortlich: Ronja Holzinger
Layout: BUCHFLINK Rüdiger Wagner
Lektorat: Anette Späth
Korrektorat: Anne Tempcke
Repro: LUDWIG:media
Kartografie: Huber Kartografie, Heike Block
Herstellung: Alexander Knoll
Printed in Türkiye by Elma Basin

★★★★★

Sind Sie mit diesem Titel zufrieden? Dann würden wir uns über ihre Weiterempfehlung freuen.
Erzählen Sie es im Freundeskreis, berichten Sie Ihrem Buchhändler, oder bewerten Sie bei Onlinekauf. Und wenn Sie Kritik, Korrekturen, Aktualisierungen haben, freuen wir uns über Ihre Nachricht an Bruckmann Verlag, Postfach 40 02 09, D-80702 München oder per E-Mail an lektorat@verlagshaus.de

Unser komplettes Programm finden Sie unter: www.bruckmann.de

In diesem Buch wird aus Gründen der besseren Lesbarkeit das generische Maskulinum verwendet. Weibliche und anderweitige Geschlechteridentitäten werden dabei ausdrücklich mitgemeint, soweit es für die Aussage erforderlich ist.

Umschlagvorderseite: o.l. Ski- und Boardspaß auf dem Monte Kaolino (Stadt Hirschau); o.r. Die kleinsten Werbeplakate der Welt (Zündholzmuseum Grafenwiesen); m.l. Kunst und bayerische Braukunst (shutterstock/Martin Knoedel); m.r. Übernachten in der Felswand (Waldseilgarten Höllschlucht); m.r. Besen aus aller Welt (Christl Hirner, Besenwelten); u. l. Einzigartige Kopfbedeckungen (Deutsches Hutmuseum Lindenberg); u.r. Das weltweit erste Dackelmuseum steht in Regensburg (Dackelmuseum Regensburg, Josef Küblbeck, Oliver Storz).
Umschlagrückseite: o.l. Fernweh pur (Klaus Beer, Fernweh-Park); o.r. Hier steht alles Kopf (Janina Stiefel); u.l. Alles über Hexen und Halunken (Mittelalterliches Kriminalmuseum, Rothenburg ob der Tauber); u.r. Die Eiskapelle am Königssee (shutterstock/Christina Fink).

Infanteriestraße 11a
80797 München
ISBN 978-3-7343-3066-7